나무 위에 고이 앉은 새

나무 위에 고이 앉은 새

초판 인쇄 2017년 2월 10일
초판 발행 2017년 2월 15일

저　　자 강혜영
발 행 인 최한묵
발 행 처 도서출판 미소
등　　록 2013년 1월 24일 제 2013-000002

주　　소 인천광역시 남구 경인로 90
전　　화 032-887-3454
팩　　스 032-887-3455

ISBN | 979-11-953941-5-9
정　가 10,000원

잘못 만들어진 책은 교환해 드립니다.
저자와 출판사의 허락없이 책의 전부 또는 일부 내용을 사용할 수 없습니다.

> 이 도서의 국립중앙도서관 출판예정도서목록(CIP)은 서지정보유통지원시스템 홈페이지(http://seoji.nl.go.kr)와 국가자료공동목록시스템(http://www.nl.go.kr/kolisnet)에서 이용하실 수 있습니다.(CIP제어번호: CIP2017002486)

나무 위에 고이 앉은 새

강혜영 시집

시집을 펴내며

1992년 2월 22일 2시
숫자 2가 너무 많아 기억하기도 쉬운
남편과 저의 결혼식이 있었습니다.

2014년 2월 22일은 2가 더 많이 겹치니
아주 특별하게 보내보자고 했던
우리 결혼 22주년 기념일이었습니다.

그런데 2014년 1월 20일 늦은 밤
이별이라는 아주 특별한 슬픈 선물을 남기고
남편은 세상에서 가장 긴 여행을 떠났습니다.

늘 두 손 맞잡고 함께 걸어가던 이 세상을
사방이 가시밭 투성이인 험하고 두려운 이 세상을
저 혼자 걸어가라고 작별 인사도 없이 떠나버렸습니다.

어느 날 갑자기 사라진 호수에 덩그러니 남은 목선처럼
오도 가도 못한 채 그저 무심한 하늘만 바라보며
숨도 쉴 수 없어 꺼억꺼억 시커먼 울음만 토해냈습니다.

아주 특별하게 보내자 했던 22주년 결혼기념일부터
리마인드 웨딩촬영 근사하게 하자 했던 25주년 그날이 되어도
남편에게 더 이상 무엇을 해 줄 수도 해줄 것도 없습니다.

마지막 인사도 없이 연기처럼 사라진 그리운 남편 생각에
군생활 무사히 마쳐 준 아들, 학교생활 잘 하는 딸 생각에
무심히 흘러가는 시간도 말로 할 수 없는 아픔이었습니다.

그리움이 복받쳐 목구멍까지 치고 올라올 때마다
추억의 그림자가 눈앞에 아른아른 떠오를 때마다
끄적끄적 눈물 젖은 펜으로 시를 썼습니다.

어쩔 수 없는 이 현실에 대하여 차차 마음이 비워지고
함께 할 수 없는 시간들에 대하여 점점 포기가 되면서
생전에 남편과 했던 약속이 불현듯 떠올랐습니다.

"난 당신이 시를 썼으면 좋겠어."
"당신은 교장선생 보다 시인인 게 더 멋질 거 같아."
"당신 꼭 신춘문예 한 번 도전해 봐."

저는 어릴 적 꿈인 선생님으로 사는 것도 좋았지만
멋진 남편의 아내로 사는 것이 더 큰 행복이었습니다.
정신을 가다듬으니 남편에게 해 줄 것이 생각났습니다.

우리 결혼 25주년 기념일에 남편이 좋아할 선물을
늘 부르던 이름 이쁜 아내 장하다 할 시집 한 권을
사랑하는 남편에게 선물로 바치는 일입니다.

비록 지금 이것은 눈물로 쏟아낸 감정의 토하물이지만
비록 지금 이것은 두서없이 엮어놓은 울음보따리지만
어느 날엔가 남편이 바라던 시인 될 날 있으리라 봅니다.

남편이 하늘 여행 떠난 지 삼 년이 지나갑니다.
세월이 흘러 세상이 변하고 사람 마음까지 변한다 해도
남편 눈빛만 바라봐도 설레던 그 마음 그대로 간직하겠습니다.

시계바늘 돌고돌아 다시 시작된 하얀 눈 내리는 아픔의 계절
겨울 저녁상에 자주 오르던 꼬막무침 파래무침 물메기탕……
남편을 위해 9첩 반상 차려 깨소금 수다를 나눌 수는 없지만

남편에 대한 그리움의 시
남편에 대한 미안함의 시
남편에 대한 사랑함의 시

우리 결혼 25주년에 이 소박한 시집을 남편에게 바칩니다.

오롯이 당신만을 사랑합니다.

2017년 2월 22일 결혼25주년 기념일에 즈음하여
멋진 조덕제의 아내 강혜영이 씁니다

차례

2014년 당신이 날 떠나도

혼잣말 18
바람부는 언덕에서 20
새벽 22
겨울풍경 23
하늘 24
사과향 챕스틱 26
아침산책 28
그리움·1 29
그림자 30
안개 32
넋두리 34
헤이리의 가을 37
추석이야 39
꿈·1 41
동춘동 924번지 42
삶 44
후회 46
참는다는 것은 48
이별시험 50

쉬는 시간에 52
1월의 어느 하얀 날에 53
물음표 55
인천아시아경기대회 개막 57
꿈 · 2 58
여름휴가 60
중복 61
모기 63
선풍기 65
이별이라 함은 67
빈 아침 68
소낙비 69
화산 71
사랑 73
자기암시 74
당신이 날 떠나도 76
그 날 이후 78
무지개 80
들국화 81
빈자리 82

2015년 시안의 당신에게

지우개가 있다면 86
시선 88
울타리 90
숨 92
산책 93
시안의 당신에게 95
같이의 노래 97
아픈 날 99
애마 옵티마를 보내며 101
당신에게 103
잡다한 생각들 106
다짐 107
부탁 108
당신의 음성 109
하늘에서 보내는 글·1 110
하늘에서 보내는 글·2 111
이승을 떠나며 112
기억 113
그리움 투성이 114
그렇지 그래 115

일상	116
꿈·3	117
숙제	118
꿈·4	119
고구마 수확	121
길	122
가을단상	124
비	125
사랑하니까	127
잡념	129
물왕저수지에서	131
Merry Christmas	132
동지	133
홀로서기	134
당신에게	135
쉼	136
또 한 해가	137
회한	139
벌써 또 새해	140
지극히 원함	141
그리움·2	142

2016년 나의 사랑 나의 하늘

그대여 그대여 144
술 146
추억을 꽂다 148
어지간하면 150
슬픈 기념일 152
마음아 마음아 154
미안합니다 157
숨바꼭질 159
설날 161
되새김질 163
바람의 말 166
망상 167
결혼기념일 169
나의 소원 171
독백 173
꽃샘추위 174
틀 175
봄바람 177

바람이 분다 179
봄봄봄 180
어쩌다 182
내 마음에도 봄 183
생각해 보니 184
세 번째 봄 186
길목 188
아직도 내 맘은 190
비 이야기 192
오월에 193
아침햇살에 195
시간이 약일까 196
하늘로 보내는 편지 198
사랑 199
나의 사랑 나의 하늘 200
감사함으로 201
상실의 기억 203
삼십년 후쯤 205

매미울음 207
하룻 사이 208
영정사진 209
뚝배기 사랑 210
마치 유언처럼 211
부재중 전화 212
내 마음의 풍선 214
삶이 힘든 이유 216
추서 217
시안에서 218
괜찮아 괜찮아 220
여행자에게 221
내 편 223
있잖아요 225
위로를 전해요 227
꿈의 목소리 229
덧없는 세월 230
재능기부 231

삶이란 232
세 번째 가을에 234
병실에서 236
손 237
당신 바라기 239
이별의 계절 241
못난이 243
나무 위에 고이 앉은 새 244

2014년 당신이 날 떠나도

혼잣말

몇 년 후가 될 지 모르지만
앞으로 다가올 나의 죽음은
사랑하는 이들을 품에 안고
토닥토닥 작별할 시간이 있었으면 해.

마지막을 정리하는 기분
비록 상상조차 할 수 없지만
사랑하는 이들의 곁을 말 한 마디 없이
갑자기 떠나는 건 예의가 아닌 거 같아.

가슴에 총을 맞으면 이럴까
가슴을 송곳으로 후비면 이럴까

어느 날 벼락같이 찾아온 이별에
말로 할 수 없는 아픔을 끌어안고
힘겹게 하루하루 견뎌야 하는 고통을
사랑하는 이들은 겪지 않았으면 해.

살면서 고마웠던 거 미안했던 거
하나도 남기지 않고 말해 주고
너무나 사랑했노라 슬퍼하지 마라

서로 등 두드리며 이별을 맞이하고 싶어.

앞으로 다가올 나의 죽음은
어느 날 갑자기 찾아오지 않았으면 해.
너무 많이 아프니까
준비없는 이별은 더 많이 아프니까……

바람 부는 언덕에서

푸른 하늘 맞닿은 전망좋은 언덕
햇살 따스하게 퍼지는 자리에
조선 선비처럼 갓 쓰고 앉아서

지저귀는 새들 따라 지나는 바람과
어김없이 계절 따라 바뀌는 풍경과
세상 돌아가는 얘기에 푹 빠져 있을 사람

군데군데 누런 잔디를 덮은 하얀 눈
짧은 하루 넘어가는 길다란 햇살에
녹아내려 주변을 적시는 건 그냥 물일까

가슴 속에 흥건히 고인 눈물 삭이며
화강암 지붕 흙먼지 닦아내는 내 마음 따위
그 사람은 완전히 잊은 듯 말이 없네.

그렇게 많은 시간 서로 사랑했는데
찰나의 순간 떠나가서 이렇게 모른 척
뒤돌아보지도 않는 매정한 사람

언덕 위에 칼바람 쌩하니 불어오고
점점 흐려오는 눈으로 바라보노라니
차가운 바닥 쓸쓸하게 누운 그 사람

홀로 두고 발길 뗄 생각에 가슴이 아파
내 품 안에 따뜻하게 안고 돌아가고파.
그래도 난 아직 그 사람 사랑하니까

새벽

커튼을 스으윽 연다.
새벽이 사아악 열린다.

희미한 어둠 소나뭇가지 사이로
두 줄기 붉은 빛이 굼실댄다.

부지런한 우리 이웃 누군가
벌써 소리 없이 일터로 나선다.

이제야 기지개를 펴는 게으름을
가는 어둠에 실어 보내야 할까 보다.

겨울풍경

눈이 덮인 마을
나지막한 산자락
추위에 오돌오돌 떨다
끼리끼리 안고 잠든
키 작은 나무들

눈이 덮인 마을
옛 친정집 닮은 파란 철지붕
굴뚝에서 피어오르는 연기
벌판 위로 흩어져 버리고
바람결 따라 풍기는 시골내음

눈이 덮인 마을
개울 건너 언덕 새로 지은 집
기와지붕 살포시 덮은 하얀 눈
빨간 벽돌 감싸 도는 찬바람마져
따로 또 같이 하나 되는 정겨움

하늘

매일 보았다.
나의 하늘을

햇살 환하게 비출 때도
구름 덮여 그늘 질 때도

비를 품고 있어서
눈을 품고 있어서
올려다보기 어려울 때도

언제나 보였다.
나의 하늘은

별 달 환히 밝은 날에도
까만 어둠 가득한 날에도

손 끌어다 잡아 주었다.
나의 하늘이

찰나였을까?
홀연히 눈에서 사라졌다.

나의 하늘이

시리도록 눈물이 흘러
가슴으로도 볼 수조차 없는
나의 하늘!

사과향 챕스틱

당신 그 입술에선
늘
싱그러운 사과향이 났어요.

연둣빛 상큼한 향기에
눈 감아도 당신인 줄 알았어요.

사과향 짙게 흐르던 도톰한 입술
매일
내 가슴 설레이게 했어요.

지금 내 입술에서도
늘
싱그러운 사과향이 나요.

연둣빛 상큼한 향기에
당신을 가까이 느끼고 있어요.

사과향 짙게 흐르는 내 입술로
하루 종일
당신이 나와 함께 있는 줄 알아요.

웃고 있는 당신 사진 앞에도
연둣빛 사과향이 있어요.

아련히 코 끝에서 기억하는
아름다운 당신만의 향기예요.

아침산책

따가운 햇살무리 찡그린 주름진 낯
천가방 어깨 걸고 가볍게 나선 산책
어느 새 색 바랜 낙엽 바람타고 뒹군다.

하룻새 싸늘해진 바람에 웅크린 몸
찬란한 햇빛에 반짝이는 오색 잎새
오롯이 버텨온 계절 찬바람에 돌아선다.

그리움 · 1

타다닥 아스팔트 두드리는 빗줄기에
새까만 심장덩이 어루만져 씻어내고
님 그린 눈물 한 자락 가슴 속에 품었네.

트로트 노랫가락 흥얼대는 입술위에
그렁한 두 눈동자 초점없이 흔들리고
님 그린 사랑 한 아름 가슴 속에 품었네.

백 년도 아니아니 오십 년도 아니아니
삼십 년 만이라도 사랑하며 살려했네.
님 떠난 인생 긴 자루 무엇으로 채울까

그림자

밤새 넓다란 창 가리고 늘어져있던
백색 블라인드를 걷고 밖을 보았다.
새벽이 조용히 왔다 간 자리에
아침이 벌써 와 머물러 있었다.

자동차 빼곡히 들어앉은 주차장에
햇살 한 줄기 찾아들다 이내 사라졌다.
거울 앞에 앉아 느낌 없는 화장을 하고
현관문 밀치고는 습관처럼 길을 나섰다.

어제는 출근길 끝날 때까지
그림자 네가 나를 따라 걸었다.
오늘은 얼추 열 걸음도 더 떼었는데
그림자 넌 날 따라올 생각이 없나보다.

잿빛구름 둥둥 떠가는 하늘 아래 뻗치고 선
플라타너스 사이로 한 점의 빛이라도 있을까
맥없이 앞만 보고 걷다가 도시 속 오솔길에서
문득 그림자 네가 생각이 났다.

아하! 그래 그래.

넌 이미 내 맘 속 깊이 파고 들어가
한 줌 햇살 없어도 나와 함께 걷고 있었다.

내 그림자가 아니라
내 님의 그림자가 되어

안개

온 가족이
건강하게 살아있어
함께 할 수 있음은
모두에게 행복입니다.

수많은 사람들이
당신의 다정한 모습과 목소리를
한없이 그리워하는 건
당신에게 행복입니다.

내 마음 속
깊은 슬픔을 봄바람에 실어
되도록 가까운 날에 멀리 떠나보냄은
남아있는 가족에게 행복입니다.

한 뼘 거리 곁에 있던 당신
말없이 떠난 하늘을 바라보면
홀로 걸어 갈 내 삶에
자욱하게 안개 드리웠지만

이별 없는 다음 생에서
다시 함께 할 수 있으니
당신이 편안하면
그래도 난 행복합니다.

넋두리

한가한 휴일 한 잠 더 자고 싶은데
밥 먹자 여보 그만 자 여보
아침상 차리라 톡톡 건드려 깨워놓고
청소기 윙윙거리며 아이구 부산 떠는 당신
차암 얄밉다 했었어.

다 읽은 신문 안쓰는 종이백에 눌러 담아
가지런히 현관에 내놓아도
어차피 바깥으로 나서는 길인데
들고 나가 수거함에 넣어주면 좋으련만
날래게 자기 몸만 쏙 빠져나가는 당신
차암 얄밉다 했었어.

첫째 아들 우리 정원이 태어나고
서툰 운전에 혼자 아이 맡기고 출근할 때
비가 억수같이 쏟아지는 날에도
흰 눈이 펑펑 날리는 날에도
우산 한 번 받쳐주는 일 없던 당신
차암 얄밉다 했었어.

둘째 딸 우리 서영이가 태어나고

어린 것이 밤 잠 안자고 보챌 때
포대기로 둘러업고 침대 모퉁이에 엎드려선
무거운 눈꺼풀 가누지 못해 쩔쩔 매도
쿨쿨 잠도 잘 자는 당신
차암 얄밉다 했었어.

그런데 어쩌지?
그렇게 얄미웠는데 밉지가 않다. 가엾다. 그저……
내가 당신을 사랑한 것 보다
날 더 많이 사랑해 준 당신이란 걸
알고 있으니까 말이야.

그런데 어쩌지?
그렇게 얄미웠는데 밉지가 않다. 그립다. 그저……
내가 설레이는 마음으로 살아온 것보다
날 더 아껴준 당신이란 걸
알고 있으니까 말이야.

차라리 그 때처럼 얄밉게 굴다 떠나지.
차라리 그 때처럼 모른 척 굴다 가지.
있는 사랑 없는 사랑 어설프게 풀어놓고

동아줄 같이 엮인 추억 어찌 혼자 삭이라고
너무나 이기적이게 말없이 후딱 가버린 당신
미워할 수 없어서 더 그리운 당신
차암 가엾다 매일 넋두리 하고 있어.

헤이리의 가을

수다 곁들인 추억의 돈까스 먹는 거
진한 블랙커피 향까지 마시는 거
헤이리에서 나의 가을이
그렇게 시작됐습니다.

따가운 햇살아래 길을 걷는 거
하늘대는 코스모스 바라보는 거
헤이리에서 나의 가을이
그렇게 다가왔습니다.

유모차 끌고 나들이 나선 가족
커플티 차려입고 마냥 좋은 연인
헤이리 가을 속에는
그렇게 행복이 있었습니다.

은은한 파스텔 색깔 입힌 연꽃무늬 양초
손 끝 무딘 듯 우왁스럽게 빚은 무채색 접시
헤이리 가을 속에는
그렇게 멋들어 있었습니다.

오천 원에 단 두 방울 얄미운 아이스크림에도
북적대는 사람들 틈에서 스치듯 어깨를 부딪쳐도
헤이리 가을 속에서는
그렇게 미소가 지어졌습니다.

추석이야

허리 아프도록 씽크대 앞에 서서
손가락 아프게 꽃게 손질하고
양파 사과 갈아서 양념장 빨갛게 만들어
주걱 들고 뒤적뒤적 꽃게무침 하던 일

종종 걸음으로 어시장 달려가
큼직한 홍어 한 마리 사가져와
미나리 오이 그리고 무 길이 맞춰 썰고
달콤새콤 소금간해서 절여 놨다가
얼큰하게 홍어무침 하던 일

처가에 가져 갈 명절 선물
바리바리 사들고 들어오던 당신
그 부산스럽던 명절 어디 가고
당신이 먹지도 못할 음식 하고 섰네.

속 깊은 조카 눈물 바람 이모에게
멀리 출장 간 남편 음식 챙겨가는 마음으로
그런 마음으로 즐겁게 하라 하네.

시안……
전망 좋은 당신 별장 잔디 위에
명절 음식 펼쳐놓고 마주 앉아 볼까?
참으로 마음 저린 한가한 명절이로세.
당신 덕분에

꿈 · 1

눈꺼풀 짓누르는 시커먼 삶의 무게
회오리 빙빙 돌다 빨려드는 슬픈 잠
곡괭이 냅다 쳐들어 찍으려던 흙덩이

새끼뱀 한 마리가 물어버린 손바닥
화들짝 놀라 앉은 주인 모를 무덤가
후우욱 손 털어내고 쓸어내린 가슴팍

어둠을 걷어내는 아스라한 알람소리
흐어헉 눈두덩이 치올려 깨어난 잠
홑이불 냅다 쳐들고 찍어버린 방바닥

동춘동 924번지

이틀째 가을비가 온다.

가느다란 생의 끈
차마 놓기 싫어서
비바람에 휘둘리는
나뭇가지 끝에
애처롭게 매달렸던
갈빛 짙은 잎사귀들이
비 젖은 아스팔트 위에서
비틀거린다.

자동차 한 대 휙 지난다.

어젯 밤 빗줄기에
힘없이 떨어져 나가
차마 어쩌지도 못하고
차가운 땅바닥에
서러운 몸 던져뒀던
붉디붉은 잎사귀들이
빗물 고인 웅덩이에서
파르락 거린다.

동춘동 924번지에
사락사락 스며들었던
오색찬란했던 가을도
이렇게
어쩔 수 없이 가나 보다.

삶

하얀 가운의 남자가
내게 말했다.

"어때요?"
"잘 지내세요?"

하얀 가운의 남자에게
내가 말했다.

"그럭저럭이요."
"잘 지내려고 애써요."

하얀 가운의 남자가
내게 또 말했다.

"잘 하고 있는 거예요."
"계속 노력해야 해요."

하얀 가운의 남자에게
내가 또 말했다.

"가장 소중한 걸 잃었는걸요."
"더 잘 될 일도 더 못될 일도 없어요."

하얀 가운의 남자가
내게 이렇게 말했다.

"가장 소중한 건 자기 자신이에요."
"스스로 벗어나려고 노력해요."

하얀 가운의 남자에게
내가 이렇게 말했다.

"맞아요. 노력할게요."
"어차피 인생은 혼자 가는 거니까요."

후회

난 지금 후회해요.
당신을 만난 것을

뭐 이런 남자가 다 있어
그대로 일어서 버릴 것을

문득 쳐다보는 사슴 같은 눈빛
심장을 쏘아 버려 얼어 버린

그 순간을 후회해요.
지금 이 아픔의 시작점

난 지금 후회해요.
당신을 사랑한 것을

뭐 이런 남자가 다 있어
미운 짓을 해도 돌아서면 잊혀지고

콧노래에 미소 짓는 얼굴만 떠올려도
가슴 설레이게 만들던 지난 시간

남들은 딸바보 아들바보라던데
오로지 남편바보였던 나의 시간들

그 시간을 후회해요.
지금 이 아픔이 더 큰 이유

그런데 방금 또 후회해요.
당신과 사랑했던 시간들에 대하여
잠시라도 후회란 것을 하다니

참는다는 것은

혀를 깨물며 참는 마음을 이제는 알겠어.
하도 눈물이 나와 혀를 꽉 깨물었어.

일 년여 우울속에 갇혀 지내다 눈을 돌리니
문득 말없는 시선이 가슴을 찔러.

처음엔 나를 걱정하는 사람들에게
언제부턴가 내 슬픔이 짐이 되기 시작했구나.

지금까지 짧지 않은 인생 살아오면서
남들에게 주는 것을 더 좋아했어.

내가 있으면 즐거운 자리가 되었고
내가 있어서 더 따뜻한 순간이었어.

아직도 슬퍼하고 있니?
이제는 당당하게 씩씩하게 살아야지.

나는 여전히 그 사람 그리워 눈물짓는데
보는 사람들마다 똑같은 소리를 해.

잊을 때도 됐다는 둥 묻고 살아야 한다는 둥
당해 보지 않았으면 말도 하지 마.

그건 위로도 격려도 아니야.
그냥 물 흐르듯 살아갈테니 날 내버려 둬.

잊으려해도 깊숙이 묻으려 해도
샘물처럼 혹은 가시처럼 툭툭 삐져 나와 아픈데

괜찮은 척 사람들 앞에 나서는 게 더 힘들어.
언젠가 마음먹은 대로 진짜 괜찮아지겠지.

그 때까지 시간이 그저 흘러가게 두었으면 해.
그 시간이 상처를 다독이는 최선의 약이니까.

이별시험

이 세상 많고도 많은 날
당신과 내가 늘 붙어 있어서
이렇게 떨어지게 될 줄
정말 몰랐어요.

내 마음의 넓은 상자
당신을 향한 사랑으로 가득차서
이렇게 텅 비어버릴 줄
미처 몰랐어요.

늦가을 처연히 스쳐간 비
낯모른 발자국에 치인
상처난 낙엽들처럼
만신창이 되어 버린 심장이지만

당신이 곁에 없음을
당신을 온전히 떠나보내야 함을
당신으로부터 홀로서야 함을
조금씩 마음으로 받아드려야겠어요.

어느 날 갑자기
상상조차 못한 이별이 올 수도
가슴 가득 채웠던 사랑이 사라질 수도
그럴 수도 있다는 걸 남들은 알까요?

갑자기 떨어져 버린 반쪽
연기처럼 사라진 내 사랑
당신 없이도 숨이 쉬어진다는 걸
눈물나지만 조금은 받아들여야겠어요.

쉬는 시간에

한여름 무더위를
보기 좋게 걷어내고
화려하게 다가온 가을이
한낮 눈부신 햇살아래
요란하게 빛난다.

가을의 한 가운데
여름내 뜨거웠던 열기에
맥 못추고 늘어졌던 잎새들이
옷깃을 여미는 바람결에
파르르 떨린다.

가마솥처럼 끓던 운동장에
선선바람 한 번 휙 지나가니
벌겋게 달아오른 얼굴로
축구공 쫓던 아이들의 재잘거림도
푸른 하늘 아래서
시원하게 메아리친다.

1월의 어느 하얀 날에

살을 에는 바람에
이리저리 채이다
지나가는 발걸음에
꾹꾹 밟히고 짓눌려도
악 소리 한 번 내지 못하고
속절없이 사라지는 눈처럼
사슴 같이 맑던 두 눈 감은 채
가냘픈 숨 가랑가랑 몰아쉬다

온 세상이 하얀 그 날
당신은 영원히 작별을 고했지.

함께한 짧지 않은 시간동안
내 손 잡아야 잠이 온다고
따뜻하게 어루만지던 손
마주보는 두 눈빛에
사랑하는 맘 넘실대던 당신
그렇게 허무하게 보낼 수 없어서
새까만 밤 지새워 기도했지만
홀로 누운 하얀 침대에서
한 숨 두 숨 자기 숨 잦아들어

가지 말라고 애처롭게 부르짖는 소리
매정하게 귀 곁에 내려놓은 채

온 세상이 하얀 그 날
당신은 영원히 작별을 고했지.

물음표

당신은
오늘도 미소만 보내고 있네.
무엇이 그리 좋은가요?

당신이
떠난 머나먼 그 길이
다시 못 올 길인 줄 몰랐나요?

당신이
눈 감고 고요히 머물렀던 시간
내게 하고 싶었던 말은 없었나요?

당신은
참 지혜롭고 다정했는데
뒤도 안돌아보고 떠난 이유가 뭘까요?

당신을
지울 수 없어 눈물짓는 하루하루가
얼마나 고통스러운지 알고 있나요?

당신의
길고도 진한 여운이 마음을 휘감아서
빠져 나올 수 없는 난 누구인가요?

인천아시아경기대회 개막

깊은 우울속으로
푸욱 빠져드는 마음

볼을 타고 흐르는
소리 없는 눈물방울

사랑하는 그의
땀과 혼이 서린 대회

저 눈부신
조명 뒤에 있을까?

저 아우성치는
관람객 사이에 있을까?

보고 싶다 보고 싶어.

오늘 이 시간
미치도록 생각난다.

꿈 · 2

꿈을 꾸었다.

남편이 웃으며 다가와
내 손을 잡았다.
따스하고 부드러운
그 느낌 그대로였다.

이제 하늘나라로
돌아갈 날 얼마 안 남았으니
그 때까지
손 꼭 잡고 안놓을 거라 했다.

남편이 웃으며
괜찮으니 신경 쓰지 말고
장모님한테나 어서 가보란다.

홀연히 사라져버린
남편 따라 어둠도 걷혔다.

전화벨이 울렸다.
엄마가 새벽에 쓰러지셨단다.

아!
남편의 마음이 고맙다.
저 세상에 가서도
막내사위 노릇 하나보다.

여름휴가

다 그대로인데
당신만 없는 여름휴가
모두가 당신을 그리워하는데
그 그리움의 끝에도 당신은 없네.

어둠에 가려 잔잔히 흐르는 강물
붉은 가로등 불빛 아래
사이좋은 소나무 느티나무

강바람 지나는 원탁에 둘러앉아
한 마음으로 그리워하는 이름
당신의 이름 석자 꺼내면
슬픔도 딸려 나올까봐

서로 눈빛만 바라보며 기울이는 술잔
아련히 밀려오는 새벽안개 사이로 흘러가는
당신 없는 여름휴가 마지막 날

중복

벌써 중복
텔레비전 속에서
소매물도 다정한 노부부와
복날 음식 화려하게 등장하는데

내 기억 속에서는
우리 신랑 끔찍이 좋아하던 낙지
둘 만의 마지막 만찬 삼계탕
어시장 돌며 장보던 모습이 보이네.

일상 속의 그림자도
날 너무 아프게 하는데
그나마 새로 얻은 친구 텔레비전
너마져 쓰라린 기억 들춰 낼래?

깊은 산중 고즈넉한 암자
바람소리 새소리 벗 삼으러
지금 길 떠날 수도 없고
이 깊은 상처 언제나 아물까?

앉아도 서도 걸어도 누워도

없다 그리고 있다.
사랑하는 그 사람
흔적 없는 곳이 하나도 없다.
내가 있는 그 어디든
그 사람 흔적 투성이다.

서럽다.
에리다.
아프다.
그립다.
사랑하며 살아온 이십사년 세월이
참으로 덧없고 덧없다.

한 순간 바람처럼 왔다가
바람처럼 가버렸다.

내게 너무나도 소중했던 사람
지금은 어느 하늘 아래
홀로 가고 있을까?

모기

얄미운 모기 한 마리
앵앵 귓가를 맴돈다.

찰싹 애꿎게도
목줄기 후려치는 내 손바닥

흐엉 애석하게도
눈 앞에서 내빼는 모기 요녀석

치익 온 방 가득 뿜어대는 모기향
힘 빠진 날개 짓에 옳거니 잘 걸렸다.

짜악 박수소리 속에
걸렸구나 생각했더니

에쿠 으깨진 모기 한 마리
내 몸에서 빨려 나옴직한 핏자국이
손바닥에 선명하다.

이 새벽 모기와의 전쟁에서
혈투 끝에 대승을 거두고도

이불 뒤집어쓰고 잠들었을 옆지기에게
뭐라 말로 전할 수 조차 없으니
허둥대던 내 모습이 참으로 초라하다.

선풍기

 스위치를 올리자
달달달달 돌아가는 낡은 선풍기

이십년 동안 신랑 머리 말려주느라
힘에 부쳤나 날개 꺾인 까만 선풍기

어줍잖게 돌아가는 날개 앞에서
그래도 아직은 쓸만하다고
머리카락 탈탈 털던 손이 그립다.

일 년 사계절이 바뀌어도
아침마다 그 자리에서
달달달달 돌아가던 신랑 선풍기

날개 사이사이 철망 사이사이
희뿌옇게 끼어든 먼지 목욕시켜
다시 제자리를 찾아 버티고 섰는데

선풍기 바람 앞에서
오른 손 왼손 바쁘게 머리카락 털던
우리 신랑 어디에도 아니 뵈네.

내일 아침
우리 신랑 머리는 어디서 말리려나?

이별이라 함은

우리 사는 세상 여기저기
아픈 이별이 많이 있지만

정말 뼈아픈 이별은
죽어서 못 보는 것이라 하더이다.

가슴 속에 파묻혀 꺼내 볼 수 조차 없는
내내 퍼런 설움만 토해내는 이별

억만금 손에 쥐고 있으면 무엇하리
그저 딱 한 번만
내 사랑하는 사람 얼굴 볼 수 있다면!

우리 사는 세상 여기저기
아픈 이별이 많이 있지만

정말 고통스러운 이별은
죽어서 못 보는 것이라 하더이다.

빈 아침

세상 사람들 아직 잠들어 있는
조용한 일요일 아침

아침상 차리라 톡톡 건드리는 이도
옆에서 부스럭거리는 이도 없는데

새벽부터 잠 깨어 껌뻑대는 두 눈
누굴 기다리나?

쉬는 날 꿀잠 한 시간 더 자던
달콤한 아침 날려버린 고얀 사람

주인 잃고 쓸쓸히 놓인 빈 베개 너머로
작은 액자 속에서 미소 짓는 사람

천정보고 누웠다 돌아누워 고개 돌리면
매일 사랑하는 그가 나를 바라보고 있다.

소낙비

투둑투둑 투두둑
어둠에 가린 창을 두드리는 소리 한 줌

타닥타닥 타다닥
아스팔트 위를 뜀박질 하는 소리 몇 줌

그리고는……

콰르릉 콰콰쾅
번개 따라 내달려 온 천둥의 버럭질에
소낙비가 세차게 퍼붓는다.

아파트 옥상에서 모여든 빗물이
베란다 우수관을 세차게 때리며
콸콸콸 쏟아져 내린다.

미세먼지에 쩌든 도시의 구석구석
밥 한 술 뜨다 체해 버린 내 가슴
용케도 찾아내어 씻어 주어라.

소낙비가 그쳤다.

내일은 또 밝은 해가 떠오를 테고
난 오늘도 이렇게 잘 버티고 견뎠다.

내 삶에 갑자기 쏟아져 내린 소낙비
한 순간 눈 감았다 뜨면 아침이 오듯이
그렇게 그렇게 아름아름 지나가리라.

화산

괜찮은 줄 알았다.
내 맘이
점점 그래야 한다고 했다.

내게 말했다.
사람들이
떠난 사람 잊어야 산다고 그랬다.

그런 줄 알았다.
매일 스멀스멀 올라오는 생각꼬리
애써 자르려 맘을 돌렸다.

가슴 속 화산이 폭발했다.
생각을 떨치면 가라앉으리라 억눌렀던
그리움의 마그마가 터져 버렸다.

잊으려 한다고 잊혀지는 게 아니다.
점점 괜찮은 척이었던 게다.

잡념의 분화구에서 터져 나온 설움이
밤새도록 뜨겁게 흘러내리다가

새벽 이슬에 닿아 멈췄다.

머리가 무겁다.
저 굳어버린 용암덩어리들을
어찌 걷어내야 할까?

사랑

누군가 그러더라

필요해서 사랑하는 게 아니라
사랑해서 필요한 거라구

그래서 난 지금
당신이 필요해.

당신이 생각하는 것보다
훨씬 더 많이

누군가 그러더라

필요해서 사랑하는 게 아니라
사랑해서 필요한 거라구

자기암시

어느 새 파아란 하늘 가려버린
공원길 키 큰 나무들 사이로
바쁜 걸음 종종대는 나에게

삐이 삐삐삐 삐이
이름 모를 새들이 말한다.
"좋은 아침이에요!"

파르르 파르르르
푸른 나뭇잎새들이 말한다.
"즐거운 하루가 될 거예요!"

살랑살랑 사랄라라
따사로운 봄바람이 말한다.
"편안한 마음으로 하루를 보내요!"

사거리 횡단보도를 건너고
다시 길을 걷다걷다 보면
반짝반짝 흐으음 흠
내 눈길을 뺏는 요 이쁜 것!

네 이름이 무엇인고?
또 이름 모를 꽃이 말한다.
"당신의 하루는 행복할 거예요!"

당신이 날 떠나도

당신이 날 떠난 지
백 하고도 하루가 지났어.

그리움은
점점 가슴 속에 묻혀가고
난 이렇게 잘 살아가고 있어.

외로움도
점점 세상 속에 섞여가고
난 이렇게 잘 살아가고 있어.

슬픔도
점점 바람 속에 흩어지고
난 이렇게 잘 살아가고 있어.

추억도
점점 기억 속에 흐려가고
난 이렇게 잘 살아가고 있어.

그리움도
외로움도

슬픔과 추억마져도
모두다 당신이 가져가 버렸는지
난 점점 이렇게 잘 견뎌가고 있어.

그 날 이후

어느 새
이렇게
멈춰서
안 갈 것만 같던
시간도
흘러는 가고
난
점점
더
괜찮아지고 있다.
바쁜 생활 속에서
그 사람
생각나는
순간들이
차츰
줄어들고
수많은
추억들이
가슴 속으로
깊이깊이
숨어들고 있다.

그래서
난
그에게
점점
더
미안해지고 있다.

무지개

고운 한복 차려입고
옥비녀 머리에 꽂은
점술가가 그런다.

"두 사람 인연은 무지개야."

아름답게 떴다가
이내 사라지고 마는

바라만 봐도 행복하지만
손에 잡을 수 없는 허상

꿈 속에서 말해 준
그와 나의 인연

찰나에 사라져 간
고운 무지개

들국화

어려서부터 난
노오란 들국화가 되고 싶었다.

좁은 논둑길에서
살랑이는 가을 바람에
하늘하늘 춤을 추던 고운 들국화

새끼줄에 매달린
깡통종 흔들어 달그락 소리 나면
벼이삭 쪼아대던 참새떼
화들짝 놀라 푸드덕 달아나도

여린 몸 풀섶에 살포시 기대어
샛노란 얼굴 수줍게 드러내며
햇빛 같은 웃음 피우던 작은 꽃

어려서부터 난
가을 바람 속에서 어여쁘게 피었던
논둑길의 노오란 들국화이고 싶었다.

빈자리

나뭇잎이 서서히 말라간다는
입동이 하루 지나고
찬바람 쌩하니 지나는 밭에 나가
무 배추 뽑아 김장을 준비한다.

간기 빠진 묵은 소금 꺼내어
두꺼운 배추속살에 뿌려 절여놓고
실하게 잘 자란 팔뚝만한 무
설컹설컹 큼지막히 썰어서는
항아리 속에서 맛깔스럽게 삭혀진
벤뎅이 듬뿍 섞어 석박지를 담근다.

둥근 달 휘영청 밝은 마당 언저리
흐드러진 국화는 깊은 가을을 노래하고
새벽녘까지 겹겹이 드러누워 쪼그라든 배추는
발그레하게 단장할 아침을 기다린다.

넓다란 마당 한 가득 햇살 오르고
물기 뺀 배추 빨긋빨긋 꽃단장을 시작하면
바쁘디 바쁜 손들 사이사이에
묵혀 두었던 수다가 기재기를 편다.

굳어버린 허리 간신히 한 번 펼 즈음
가마솥에서 알맞게 익힌 고기 한 점
아삭한 배추 속에 싸여 한 입 들어가고
가슴 속에 묻힌 그리운 이의 빈자리가
바다보다 더 넓게 쓸쓸히 다가온다.

2015년 시안의 당신에게

지우개가 있다면

내 삶에 지우개가 있다면
없는 이의 부재를
가슴 쓰라리게 확인해야 하는
명절 따위부터 지워 버릴 테야.

열 밤만 지나면 설날인데
이젠 가야 한다는 말도 없이
무심히 떠나버린 그 때
온통 먹구름 휘휘 감아 돌던
그 순간도 확 지워 버릴 테야.

쏴아아 뭉그러진 가슴속
거꾸로 쏟아져 내리던 피울음
하얗게 비워진 머릿속
여전히 부정하고 싶은 그 날도
말끔히 쓱쓱 지워 버릴 테야.

다섯 밤만 지나면 추석이 오는데
또 다시 당신이 없다는 사실을
어쩔 수 없이 인정해야만 하는 날들
지우고 싶지만 지울 수 없는

명절이 내겐 이미 깊은 상처로 남았네.

그 누군가에게는 이별의 고통으로
참 아픈 날 일거라는 생각 차마 못했었지.
그 동안 나만 행복해서 미안했었다고
알지도 못하는 그 누구들에게 사죄를 해.

그리고 정말로 지우개가 있다면
삶의 한 모퉁이를 지울 수 있는
커다란 요술 지우개가 있다면
없는 이의 부재를 확인해야만 하는
세상 아픈 날들을 싸악 지워 버릴 테야.

시선

사랑하는 남편 다시 못올 길 보내고
꽃샘추위 한창이던 지난 해 봄엔
한 걸음 걸을 때마다 눈물 한 방울 매달고
혼자 길을 걷는 쓸쓸한 여자는
세상천지에 나 밖에 없는 듯 보였어.

이제 다시 그 봄이 왔어.
여전히 봄햇살을 가린 황사먼지에
몸을 휘감아도는 기세등등한 바람
혼자 길을 걷는 것도 그대로인데
횡단보도 저 편에 혼자 서있는 여자가 보여.

빨간신호등에 주문을 걸며 서있는 내 옆에도
혼자 서있는 여자가 있었어.
나 말고도 혼자 길을 걷는 여자들이 보이기 시작해.
그만큼 시간이 흐르고 옆지기 없는 삶에
슬금슬금 적응이 되어가고 있었나봐.

잊는다는 것
잊혀진다는 것
아니아니 점점더 선명해지는 기억들을

가슴 깊숙한 곳에 묻을 수 있다는 것은
내가 지금 잘 살고 있다는 아픈 증거야.

울타리

이십 년도 훌쩍 넘어 낡아서일까?
거친 바람 소리 쉬익쉬익 새어 들기도 하고
덜거덩덜거덩 방충망 흔들거리는 소리까지

예전에도 그랬는데 느끼지 못했음일까?
어느 새 나를 따라서 나이를 먹은 집
입춘 지난 꽃샘 추위에 바들바들 떤다.

사람 내음 가득했던 정겨운 집안 풍경
어둠 떨구고 봉재산 너머로 지는 저 해가
한 줌 남은 온기마져 몽땅 끌어안고 갔을까?

한기까지 느껴지는 아무도 없는 이 공간에서
왜 눈물이 나는지 굳이 이유를 묻지 않아도
상처가 아직 아물지 않았음을 누가 모를까?

시간이 흘러 그 사람 생각나는 시간이 줄었다고
슬픔도 눈처럼 녹아 사라지고 있노라고
과연 내 마음이 그리 말할 수 있을까?

휘돌고 지나가는 바람 막아주던 나의 울타리
소리없이 밀려오는 어둠 저편으로 점점 희미해지고
눈 감으니 들려오는 건 님의 발자국 소리인가?

숨

가슴이 오그라든다.
잠깐 아주 잠깐
숨을 못 쉬도록 가슴이 죄어 든다.

시커먼 어둠 뚫고 솟아오르는
시뻘건 태양의 화려한 몸짓
툭 튀어 오른 바위 뒤 겨우 숨은 새벽이
달아나다 돌아서 가쁜 숨 몰아쉰다.

일 년을 기다린 해 마중하려 오른 산
한 모금의 물로 입을 적시면
목구멍까지 막혔던 숨이
푸억 뚫리고 찬 바람이 들어선다.

가슴이 오그라든다.
문득 아주 문득
옛 기억 일출처럼 떠올라 퍼지니
숨을 못 쉬도록 가슴이 죄어 든다.

산책

당신이 날 부르던 시간이 되면
괜스레 움찔움찔 움직여요.

손도 그렇고
고개도 그렇고
눈동자도 그렇고
귀도 그렇고

당신의 부름을 향해
온 몸을 경직시키고
촉각을 곤두 세워 보지만
다 부질없는 짓인 걸 알아요.

소파 한 켠에 끄응 웅크린 채
하염없는 시간만 베어 물고 있던
늘어진 실밥 같은 공허한 순간
에라 벗어 던져 버리자 외쳐요.

당신과 자주 밤산책을 하던
그 시간 그 길들을
오늘은 혼자 걸어 보았어요.

때 마침 그 시간 딸이 올 시간이죠.

당신 손 꼭 잡고 걷던 길
예쁜 딸 수다를 들으며 걸었어요.
그 곁에 분명 당신도
별처럼 따라 걷고 있었겠지요.

오늘 당신은 내게 무슨 얘기를 했나요?
아무것도 기억이 나질 않아 미안해요.
예전에 나눴던 수많은 얘기들은
바로 어제처럼 떠오르는데

시안의 당신에게

그 날 이후
너무 긴 출장을 떠난 당신이
이제는 돌아왔으면 하지만
그럴 수 없음을 알아요.

아직도 적응이 안되는
주말 저녁 애잔한 그리움으로
다시 한 번 당신을 불러보지만
대답이 없음은 당연한 거지요.

콧노래 소리 휘파람 소리
내가 기억하는 당신의 소리들이
귓가에서 맴도는 걸보니
당신이 여기 어디쯤 있는가 봐요.

그 동안 밀린 잠 푹 잤나요?
혼자서 지낸 시간 외로울 만큼 오래인데
설마 우리를 잊은 건 아닐 테지요.
가끔 안부라도 물으러 들러주세요.

세상은 참으로 무심하게 돌아가고

당신이 없는 빈 자리는
눈물과 한숨으로 소리 없이 채워져
납덩이마냥 무겁게 가라앉아 버렸어요.

모든 이들이 제자리를 지키는데
당신만 없는 세상에서
사랑스런 우리 아이들과 다시 행복 짓기에
당신의 응원이 정말로 필요한 순간이에요.

카랑한 목소리와 멋진 미소로
살짝 윙크해 주던 그 모습 그대로
당신은 언제나 우리와 함께 있을 거라고
그 어떤 멧세지라도 보내주세요.

이 허허로운 세상 가운데서
더 이상 눈물 짓지 않도록
당신이 아끼는 아들딸을 위하여
사랑한다 아름다운 말 전해주세요.
당신의 가족으로 멋지게 살아가도록요.

같이의 노래

우리 같이 맞는 아침
다람쥐 쳇바퀴처럼
매일 똑같이 부산스럽게 다가와도
풋풋한 사람 사는 냄새가 났었지.

보글보글 찌개에 따뜻한 밥 한 공기
뚝배기에 계란찜 노릇하게 익혀 올리고
뚝딱뚝딱 드는 수저 소리마져도
이제 보니 행복을 일구는 쟁기소리였네.

단 하루 만이라도
아침밥상 안차리는 출근길이었으면 했던
참으로 못난 시간이 후회로 밀려오고
우리 같이 아침을 먹고
우리 같이 저녁을 맞이하는 일이
얼마나 큰 행복이었는지 가슴을 치고도 남지.

우리 같이 별보며 걷던 저녁 산책로에
초록이 무성하던 잎새
황혼의 그림자 드리우듯 기운이 빠져가고
서늘해진 갈바람에 파르르 몸을 떨어

우리 같이 손잡고 걷던 따스한 시간을 떠올리지.

우리 같이 밥을 먹고
우리 같이 길을 걷고
우리 같이 마주보고 잠이 드는 그 순간이
당연하게도 그저 머물러주는 것인 줄 알았는데
알고 보니 우리 같이 할 수 있다는 건
특별한 순간만큼만 주어지는 꿈과 같은 거야.

그래도 처음부터 이·십·사·년·을
우리 같이 행복을 꿈꾸고 만들어 온
수많은 추억과 시간들이 있어서
지금도 여전히 우린 같이야.

아픈 날

아프다.
머리가 깨지도록
온몸이 바스러지는 것 같은데
당신은 온데간데 없다.

밉다.
가슴이 저리도록
마음이 찢어질 것 같은데
당신 위로가 없다.

아파도 안되겠다.
미운데
당신이 더 보고 싶어서
난 이제 아플 자유도 없다.

당신은
내게서
참 많은 걸 빼앗아 가버렸다.
순간순간 버틸 힘을 잃는다.

자기야!
나 정말 많이 아픈데
오늘 저녁은
애들하고 알아서 먹을래요?

주인 없는 전화기에 대고
간절히 말해 보지만
대답이 없다.

눈물이 두 볼을 타고 흐른다.

애마 옵티마를 보내며

보내는 마음은 작든 크든
가슴이 에리긴 마찬가지야.

보낼 것을 짐작하든 못하든
슬픔이 밀려오긴 마찬가지야.

당신이 갈 땐 꿈이런가 하면서도
숨이 멈추는 아픔은 현실이었어.

마주할 때마다 심장이 사악 후벼지는
추억 고스란히 젖은 우리 12년지기

당신처럼 어느 날 갑자기 날 버리고 가면
두 발로 버티기 힘들 거 같아서

느닷없이 두 번을 길에서 누운 이유로
담담하게 보내기로 했어.

그런데 아퍼. 계속 눈물이 나.
당신을 버린 거 같아서 미안해서 울어.

꿈이런가 아니어도 이미 알고 행한 일이어도
아프기는 매한가지야.

당신은 날 병들게 했네그려.
참 나쁜 당신. 그래도 참 보고픈 당신

당신에게

귀뚜라미 소리가 들려요.
선선 바람이 살갗을 스치는 걸 보니
여름도 이제 가려나봐요.
어김없이 계절은 또 바뀌어가고
초록이 싱그럽던 세상은
또 한바탕 화려한 색채쇼를 펼치겠죠.
그러다보면 어느 새
당신이 내 곁을 떠나간 지
이 년이란 세월이 흘러갔을 테고
그 한가운데서 그리움 어쩌지 못해
가슴 퍽퍽 쳐대며 또 속으로 울 거예요.
아, 운다고 위로하거나 말릴 생각 말아요.
당신 탓인 걸요. 그리고 내 탓인 걸요.
당신을 만나고 알고 사랑하고 결혼하고
이십 여년이란 시간 함께 지내왔으면서도
정말 중요한 순간에
난 당신을 지키지 못했고
당신은 날 지키지 못하게 됐으니
우린 서로에게 죄인이에요.
당신이 원망스러워요.
첫눈에 사랑하도록 만들어놓고

콩깍지가 벗어지지도 않았는데 가다니요
맘껏 미움이 생겼을 때 갔더라면
하루하루 당신을 그리워하는 고통은
조금은 덜하지 않았을까요?
당신이 제일 좋다던 우리 집
베란다 밖으로 보이는 저녁노을이
붉은 물감 뿌려놓은 듯 참 아름다웠어요.
엄마 노을 좀 봐 하는 당신 딸 음성이
마치 당신이 부르는 소리 같아
당신 생각이 나더군요.
노을을 손가락으로 가리키는 모습이
눈앞에 아스라히 떠올랐어요.
순간 당신이 내 앞에 왔으면 하고
울컥 슬픔이 올라왔어요.
난 매일 이렇게 솟구쳐 오르는 울음을
꾸역꾸역 참아내며 아무렇지 않은 듯
살아내고 있어요.
이 세상에 덩그러니 남겨진 새끼들 위해
당신 없어도 웃을 수 밖에 없는 나는
매일매일 까만 속의 역사를 써요.
오늘도 웃어야지요.

초가을의 햇살은 따가울 테고
뜨거운 만큼 곡식은 영글 테니
나 또한 속이 알알이 영글어 갈 테지요.
당신에게 또한 감사해요.
당신 아내여서 내가 빛났어요.
난 아직도 당신을 사랑하고
죽는 날까지 당신만을 사랑해요.
다시 만날 날이 빨리 왔으면 좋겠어요.
너무나 많이 보고 싶으니까요.
삼십년 후쯤 보게 될까요?
그리운 당신

잡다한 생각들

환한 빛으로 가득한 낮이 너무 싫어서
어서 밤이 되길 기다렸어.
사람들 틈새를 홀로 걷는 일도 너무 싫어서
어서 밤이 되기를 기다렸어.
주위에 어둠이 내려앉고
오가는 사람도 줄어들고
서글픈 내 모습 눈에 덜 뜨일까 싶어서
잠시 장을 보는 일도 밤의 일이 되어 버렸어.
주차장에 하나 둘씩 차들이 들어오고
집집마다 식구들이 귀가하는 시간쯤 되면
당신도 돌아올 것 같아서 현관을 주시하지.
지금 들어 갑니다 멧세지 올까봐
핸드폰을 들었다 놨다 또 다시 그 버릇이 나오고
잘 참아낸다 싶었던 일상의 기억들이
너무 아프게 다시 살아나
어쩔 수 없이 몇 알의 약이 또 내 맘을 다스려.
언제쯤이어야 내가 나로 돌아갈 수 있지?
당신에게 묻고 싶어.
당신이 만든 일이니 답도 당신이 알겠지.
힘겹게 버티는 날 위해
머릿속에 지우개 하나 두는 것 어떨까 해.

다짐

죽음이 갈라놓은
이 끝없는 이별이
마주하기 조차 싫어서
오늘도 시간을 밀어내보지만
더디가는 길기만 한 하루
그리움 가득 채워진 고통으로
가슴이 타들어 갈 즈음
생각의 갈림길에서
나는 마음을 고쳐 먹었네.
그래 이 시간이 어여 가야
당신에게 다가가는 그 날이
조금이라도 빨리 오겠지.
시계바늘 쳐다보며
시간을 세지 말자.
그대로 흘러가게 두다보면
난 어느 새 당신 앞에
예전의 그 미소를 담고
반기어 서 있을 테니.
당신,
나를 잊지나 말아주소.

부탁

인연이라는 줄 끊어지면
다 부질없는 것을
그토록 연연하였는지

여보게
서러워도 그리워도 말게나
어차피 인생은
혼자 왔다 혼자 가는 것

눈 감으면 사라지는 인연
가볍다 아쉬워 말고
세상사 자네만 몰랐으려니
이제부터 묵묵히 살아보시게.

당신의 음성

1인 몇 역을 하는가?
내 아내의 어깨가 가엾지만
웃으시게나. 여보!
멋진 아들과 이쁜 딸
내가 곁에 늘 있으니
눈에 뵈는 게 뭐 그리 대수요
뵈지 않아도 느끼면 되는 것을
난 당신 곁에
내 사랑하는 가족 곁에
항상 같이 있음을 믿으시게나. 여보!

어제 오늘 수고한 당신 미안하오.

이렇게 나에게 말해 줄 거죠?
멀리 하늘길 떠난 당신
아마 그랬을 거예요.
당신 말투 억양
난 모든 걸 다 기억해요.

하늘에서 보내는 글 · 1

바람도 자고
별도 자고
달도 자는데
까만 밤 홀로 반짝이는 건
내 사랑하는 아내의
슬픈 눈망울

아픈 마음 어루만져
달래주고 싶지만
연기처럼 스쳐버리는
체온 말라버린 손뿐
그저 지켜볼 수 밖에 없는
바보 같은 내 처지여

하늘에서 보내는 글 · 2

모질게 남기고 온 길고도 긴 여운
말 못할 그리움으로 차고 넘쳐
흘러 흘러내리다 문득 멈춰 선 곳
내 아내의 상처 난 가슴 아득한 자리
설움에 얼룩져 문드러진 어둠 속
한 줄기 빛조차 없는 막막한 외길을
슬픔이랑 여전히 함께 가고 있네.

사랑이여!
내 마지막 사랑이여!
부디 울지 마오.
당신의 여린 속 아린 모습 보아도
쓰다듬어 줄 수 조차 없으니
당신 혼자 일어서야 하오.

이승을 떠나며

태어날 땐 혼자 울고
다른 사람들은 모두 웃는답니다.

이 세상 떠날 땐 혼자 웃고
다른 사람들 모두 눈물을 흘려준다면
인생을 잘 살았구나 한답니다.

정승집 개가 죽으면 문턱이 닳아도
정승이 죽으면 돌아보지도 않는다던데……

나의 마지막 길은 참으로 행복했습니다.
가족 친지 친구들과 수많은 사람들이
함께 슬퍼하고 애통해하는 그 순간
헛된 인생은 아니었구나 했습니다.

나는 비록 아픔을 남기고 떠났지만
나를 아는 모든 이들이 행복했으면 합니다.
그리고 진정으로
내 아내가 오래 울지 않길 바랍니다.

나는 웃으며 떠났습니다.
그리고 지금 편안합니다.

기억

"뭐 하슈?"
"여긴 엄청 덥구만."

이태 전 여름
당신은 사무실에서
나는 집에서
각자 서로 다른 공간 속에 머물렀지만
순간을 이어준 전자기기의 고마움으로
우리 둘의 마지막 여름 가운데서
당신이 내게 문득 문득 건네왔던 말들이
바로 지금처럼 내 눈 앞에 다시 보여지고
눈가에 아련한 당신 얼굴 떠올리며
난 지금 당신에게 이렇게 문자를 보내요.

자기야!
지금 뭐해요?
여긴 오늘도 엄청 더운데
거긴 덥지 않나요?

그리움 투성이

그 하늘에 그 별도
그 공원에 그 나무도
손등을 스치는 바람결 조차도
그대로입니다.

붉은 가로등 불빛에
유난히 반짝거리는 나뭇잎도
지팡이 짚고 종종걸음 걷는 노인 조차도
그대로입니다.

방금 시동이 꺼진 듯
뜨거운 열기 쏴악 품은 주차장의 자동차도
한 줄로 우뚝 늘어선 거실창의 불빛들도
그대로입니다.

세월이 흘러도 다 그대로인데
가느다랗고 보드랍고 따스했던
조물락거리며 맞잡았던 산책길의 당신 손은
어둠속 공원길 그 어디에도 없습니다.

그렇지 그래

나도 실은 고독을 즐기는 법을
나름 조금씩 터득해 가는 중이야.

하늘이 맑으면 맑아서 서럽고
하늘이 흐리면 흐려서 서럽고

뭉그러진 설움 따위 구겨 넣어
가슴 속 젤루 깊은 곳에 쳐박았어.

나는 나를 잘 다스려서
토끼 같은 새끼들 잘 살려야 하니까.

지금 내가 겪는 고독은
내 삶의 또 다른 길 중 하나일 뿐이야.

일상

요즘만 같으면
살 거 같아.
당신도 보고 있지?

고마워.
다 고마워.
그나마 다 고마워.
그럼에도 불구하고 다 고마워.

내 가슴은 셋인가봐.
아픈 가슴
묻는 가슴
다시 뛰는 가슴

엄마의 아픔과 슬픔을 다 보고 말아서
올곧게 살 수 밖에 없을 내 새끼들
그저 고맙고 고마워.

꿈 · 3

뜨거운 다리미 모서리에
살짝 스쳤을 뿐인데
벌겋게 닳아오르다가
이내 볼록하니 물집이 잡히더니
멋모르고 휙 낚아챈 수건 꼬투리에
올캉몰캉한 물집이 으앙 울음을 터뜨렸다.

그깟 의학 상식 쯤이랴
화상연고 쭈욱 짜서 펴바르고
밴드 하나 타악 붙여주고는
휴우 안도의 숨 내쉰 하루 이틀 사이
손목부터 팔꿈치를 지나 겨드랑이를 향해
뻘건 지렁이 한 마리가 꿈틀 기어올라갔다.

임파선을 타고 가는 세균이란다.
새끼 손톱만 하던 작은 물집 하나가
백육십칠센티 거대한 몸둥이를 흔들었다.
손을 들 수도 내릴 수도 없는 통증의 도가니
토막잠 속에서 생생하게 재현된 옛 일이
현실인 듯이 아파 팔을 다시 쓸어 내린다.

숙제

꽃분홍 철쭉향 무리 지어 퍼지는 한 낮
부수지공원 한 복판 감아도는 봄바람이
보드라운 솜털마냥 가볍기도 하다.

횡단보도 건너는 두 꼬마
안전하게 건넜구나 확인하곤 하늘을 본다.
하얀 구름 몰고 가는 바람의 손이
내 등도 떠밀어 주면 좋겠다.

아이들의 재잘거림 바람타고 둥실거리고
마중 나온 젊은 엄마들의 뒤섞인 수다도
봄햇살 따라 포로롱 퍼져 나간다.
내게도 저런 푸릇한 시간이 존재했었는데
지금 내 어깨에 묵직하게 실린 숙제가 버겁다.

온전히 봄햇살의 따스함을
온전히 봄바람의 보드라움을
가슴으로 받아들였던 때가 있었던가 싶다.
과거 속의 한 점으로 밖에 남지 않은 시간들이
한 낮의 발걸음도 돌덩이 마냥 무겁게 만들고
하루를 살아내고자 애쓰는 내 맘을 토닥거린다.

꿈 · 4

꿈
매일매일 꿈
곁에 없는 꿈
깨어야 좋을지
깨지 말아야 좋을지

꿈
매일매일 꿈
돌아오지 않는 사람
돌아올 때까지 꾸는 꿈
돌아올 수 없으니 꾸는 꿈

꿈
매일매일 꿈
없는데 있는 거 같고
없는데 곧 올 거 같고
눈 감았다 뜨면 옆에 있기를
매일매일 바라는 꿈

꿈
오늘도 하루 종일 꿈

내일도 모레도 하루 종일 꿈
그렇게 그렇게
꿈인 듯 생시인 듯 뒤섞인
회오리처럼 내 인생에 불어와
아지랑이 같이 아련히 남은 꿈

고구마 수확

긴 가뭄의 암울한 터널을
땅 속 깊이 뿌리를 내리고
사방으로 잔 뿌리 뻗으며 버텨온
붉디붉은 네 마음이 갸륵하다.

인간을 위해 타고난 네 짧은 생애
고귀하게 기억하려고 해.
줄기는 나물로 김치로
잎사귀는 초절임으로
버릴 것 하나 없는 고구마여.
이제부터 겨울을 나는 동안
영양간식이 되어 입을 즐겁게 해 줄 터
못된 사람 인연보다 훨씬 나은 인연이로구나.

고구마 꽃이 피면 행운이 온다는데
마지막 가는 길에 어여쁜 미소까지 지어 보내주니
이 어찌 고맙지 않을 수 있으랴.

길

길이 있어.
그 전부터 걸었던 길이었어.
그 전부터 지나온 길이었어.
그 전에는 함께 다닌 길이었어.

길이 있는데
그 길을 나 혼자 걷는다는 거야.
그 길을 나 혼자 지난다는 거야.
그 담부턴 함께 다닐 수 없다는 거야.

길이 있어.
그 전에는 사는 얘기에 시끄러웠어.
그 전에는 너스레 떠느라 웃음도 많았어.
그 전에는 피곤을 실어 날라도 행복했어.

길이 있는데
그 길에서 숨 막히도록 침묵이 흐르는 거야.
그 길에서 더 이상 웃지 않게 된 거야.
그 담부터 어디쯤 오냐는 연락이 없는 거야.

길이 있어.
지금도 지나야 하는 길이지.
소중한 사람을 잃어버리고 난 후의 그 길은
찰나의 순간에 공간이동을 했으면 하는
허황된 바람을 일으키곤 하지.

길이 있는데
그리움을 솟구치게 만드는 길이지.
주말 친정나들이 오고가며 보내던 길
시화방조제 오이도 앞길 정왕IC
그 길에서 당신이 더 그리운 건
우리 함께 지나온 흔적 너무 깊기 때문인가 봐.

가을단상

보고 싶어 보고 싶어
저 하늘 바라보고 소리쳐도

구름 따라 흘러가 버리는
구슬픈 내 목소리

저만치 바람 결에 섞여가다
나뭇가지 끝자락에 아슬하게 걸려

한 방울 남은 물기마져 메마른
오그라든 이파리들 사이에서

그리워어 그리워어
갸녀린 소리 놓칠랴 눈물 짓는 틈새

몽글몽글 눈앞에 피어오르는
사슴 같은 눈 당신의 얼굴

비

11월의 빗 속에 문득 떠오르는 예당호
드넓은 푸르름으로 숨통 열어줬던 호수
출렁출렁 작은 방갈로에는
시간을 낚아올리는 강태공들이
서산 너머 지는 해를 늘어지게 잡고 앉았었다.

오랜 시간 동안 예당호에 비가 멈추고
쩍쩍 갈라진 호수바닥이 저녁 뉴스에 비쳤다.
물결위 고즈넉한 사색의 그림자 드리우던 자리도
말라가는 호수 따라 인기척 하나둘 사라지고
거북이 등가죽같은 바닥에 철퍼덕 걸쳐버렸다.

비가 내린다.

애 절절 끓던 마음도 갈라진 호수 바닥도
단비가 되어 적셔주리라.
예당호에 다시 물이 채워지고
그 물결의 푸르름이 살아나면
고독을 즐기는 강태공들의 발걸음이
다시 예당호를 찾게 되겠지.

비야 내려라.

가슴에 기억해야 살아갈 수 있는
추억의 한 자리 드넓은 예당호
가장자리엔 갈대가 바람에 흔들리고
호수 위에는 낚시꾼들이 세월을 낚는
그림 같은 모습이 다시 펼쳐지도록
주룩주룩 비야 내려다오.

비가 내리는 토요일 오후
왜일까?
예당호 조각공원 자락 저편을 가리키고 섰던
사랑하는 그의 얼굴이 스치운다.

사랑하니까

사랑하니까
맘 속에 품어놓고
이젠 떠나 보낼 수 있어.

사랑하니까
말없이 떠난 것도
이젠 이해할 수 있어.

사랑하니까
아주 많이 사랑하니까
가야한다는 말을 차마 못했을 거야.

사랑하니까
아주 많이 사랑하니까
혼자 남는 걸 볼 수 없었을 거야.

사랑하니까
그렇게 가버린 데에는
분명히 그럼직한 이유가 있을 거야.

사랑하니까
바람막이 못되어 줄 자식들 안타까워서

못다 준 아비 정 쏟아주고 있을 거야.

사랑하니까
첫사랑에 안타까운 끝사랑이라서
영원히 그리워 할 수 밖에 없는 아픔일지라도

사랑하니까
너무나 깊이 사랑했으니까
천상에서 다시 만날 기약이 있기에 참아낼 수 있는 거야.

잡념

보호자 같이 오셨나요?
건강검진 하는 날
간호사 물음에 괜히 움추려드는 건
아직 홀로서기가 안되고 있음이야.

한 번만 묻지
가는 곳마다 똑같이 물어.
보호자 같이 오셨나요?
마음이 아파 화가 나려고 해.

나는 내가 지킬 거라구
보호자는 바로 나라구
소리를 지르고 싶은 걸 참았어.
마음 단단히 살아내고 있는지 시험함이야.

낙엽이 떨어져 뒹구네.
바람에 혹은 발길에 채여도
날카로운 빗질에 쓸어담겨도
숨막히는 푸댓자루에 갇혀버려도
그게 낙엽 너의 운명이듯이

내게 운명이란 이거였음이야.
이제부터 홀로 일어나 당당히 걸으라는
아프지만 분명한 메시지.
내 맘 속에서 빛나는 별 하나 보면서
길을 잃지 않고 걸으면 되지.

물왕저수지

그대여!
들리나요?
그대여!
보이나요?

가을비 촉촉이 내리고
오랜 가뭄에 오그라든 잎새
비에 젖어 활짝 펴는 오색 향연

빗소리 너머 그대 목소리 들려올까
울긋불긋 저수지 건너편 산등성이로
가느다란 시선 머얼리 늘여 올려두고
심장 한 켠 숨은 귀까지 쫑긋 세워 보지만
유리창에 부딪치는 빗줄기의 투덕임뿐

가을비 촉촉이 내리고
한가로운 오리떼 노니는
당신 젊은 날의 물왕저수지에서

Merry Christmas

당신과 함께 갔던 뷔페에
우리 아가들과 가서
당신과 돌던 동선 따라
맛 다시고 왔네요.

잘 있나요? 그대
벌써 두 번째 크리스마스예요.
당신과 함께하지 못해
서러운 웃음 짓는 아픈 날

난 시간을 빨리 돌려
훅 보내버리고 싶은데
우리 아들은 싫다네요.

어떡하죠?
시간을 잡아야 할까요?
시간을 밀어야 할까요?

동지

오늘은 팥죽 안먹나요?
당신 그 해 동지에는 별나게
팥죽 없는 저녁상 서운해 했지요.

한 해도 거르지 않던 동지 팥죽
하필 그 땐 왜 안 끓였을까요?

한 번쯤 걸러도 되니까
이번엔 그냥 지나가자 했던
동지 팥죽이 내내 가슴에 사무쳐서

빨간 팥을 삶고 곱게 갈아 만든 죽
당신 그곳에서 나쁜 손 타지 말라고
당신 앞에 한 그릇

우리 이곳에서 나쁜 손 타지 말라고
현관 앞에 한 그릇

그곳에서는 갑자기 아픈 일
절대로 없으라고 마음으로 빌어요.

홀로서기

당신 곁에서만 빛나는 나인 줄
착각으로 살아온 이십수년
당신 없는 이년 세월 눈물 속에서
당신 없어도 홀로 빛나는 나인 줄
이제서야 알았더이다.

메마른 겨울 앙상한 나뭇가지
바라보는 것만으로도 눈물나게 시리던
저 하늘 저 구름 저 달 저 별들마져
담담히 마주하게 된 일상 속에서
저절로 우뚝 걷고 있더이다.

당신과 함께여서 더 빛나고
당신과 함께여서 더 행복한 삶이었으나
혼자라도 아름다울 수 있음에
어깨를 토닥이며 걸어가오이다.
내 하나뿐인 사랑이여.
내게 힘을 주오.

당신에게

그리움 사무치는 날엔
내 가슴이 팔짝팔짝 뛰어.

이러지도 저러지도 못하는
내 마음을 어쩌지 못해서

이 공간 어디쯤에서
가련한 듯 애처로운 듯 바라볼

당신 너무 잡아보고 싶어서
허공에 손을 뻗어 저어도 봐.

없어 없어 하아아 없어
보이지 않아서 내 마음이 미쳐 가

있지 있지 그래애애 있지 있어
마음의 눈으로 보자 늘 곁에 있는 당신!

쉼

쉼이 있는 이 시간
한없이 편해야 하는데
눈을 감고 누우니
콧날이 시큰해지며
눈꺼풀이 떨려오는 것이
어둠 속에서 밀어닥치는
쓸쓸함 때문인가

쉼이 있는 시간이
여전히 익숙하지 않고
이리저리 동동거리며
가족을 위해 바빴던 시간
당신을 위해 나를 없앴던 시간
그렇게 살아온 시간들이
눈만 감으면 아련히 떠올라
추억의 영상으로 엮어지고
두 볼을 타고 내리는 건
그리움의 비인가

진정 쉼이 될 수 있는 날이
과연 오긴 올까?

또 한 해가

12월이 되고
마지막 남은
한 장의 달력이 주는
송곳 같은 아픔이
작년 이맘 때 보다는
덜 쑤시는 것을 느껴.

시간이 약이라는
사람들의 말이
한낱 위로에 불과한
쓸모 없는 것인 줄 알았더니
묘하게 효험이 있네.

시간이 흘러
다시 그 계절이 되고
혼자 칼바람 속을 걷지만
사다리 꼭대기에 웅크리고
닿지 못할 하늘 바라보며
울고 있던 그 모습이 아닌 거야.

가장 높은 곳

그 어디를 가 보아도
손 닿을 곳이 없다는 거
알면서도 찾아헤매던 시간들
묵묵히 내 안으로 받아들이고선
온 몸으로 찬바람도 막아내며
또각또각 당당히 걷고 있어.

내 맘에 있으면 되지.
눈에 뵈는 게 뭐라고
손에 잡히는 게 뭐라고
곁에 있어도 우주 밖을 떠도는
불쌍한 인연들이 많은데
우리 사랑 그러하지 않아 좋았네.

나와 당신 섰는 세계는 달라도
우린 서로 마주 보고 있을 테니
오늘 밤도 두 손 꼭 잡고 잠이 들 테니
내 맘 속에선 그러할 테니
당신 이 세상 떠난 겨울이 와도
두렵지 않을 거라고
내가 나의 어깨를 토닥이네.

회한

할 수만 있다면
이천십사년 일월 칠일로
시간을 돌리고 싶어.

유난히 피곤해 보이고
평소와 다른 힘없는 말투
알아차림이 부족했던 나
힘든가보다 짐작만 했을 뿐
오늘 자고 나면 나아지려니
가벼이 넘어갔던 나
못난 내 자신이 한없이 미워서
그렇게 허무하게 보낸 사람
아깝고 안타까워서
내 발등을 찍고 가슴을 쳐도
되돌릴 수 없는 현실에
원통한 울부짖음을 하늘로 보낼 뿐
그 날이 떠오르면 심장이 뜨거워져
터져버릴 것만 같아.

할 수만 있다면
내 사랑하는 사람 지킬 수 있게
시간을 돌리고 싶어.

벌써 또 새해

잘 살아간다는 건
잘 견뎌간다는 말이라는 것을
어딘가에서 본 듯한데
가슴이 뭉클해지도록
꼭 맞다고 느껴지는 건
내가
그 삶을 살아가고 있기 때문인가?

지난 밤 꿈 속에서
내 사랑 웃는 얼굴이라도 보았으니
그리고 새해 아침를 맞았으니
그래도 이 아침 행복하다 해야겠네.

지극히 원함

당신은
날 보고 웃어요.

나는
한 송이 들국화 될 테니

그리움 · 2

무어라
표현할 수 조차 없는
절절한 그리움

어서 나이를 먹을 수 밖에
만나러 가려면

빨리 세월이 가야할 밖에
이 마음 달래려면

너무나도 보고 싶은
당신
그리움 덩어리……

2016년 나의 사랑 나의 하늘

그대여 그대여

아파도 너무 많이 아파도
당신 손 꼬옥 부여잡고 있으니
제발 내 손을 놓지 말아주셔요.

눈물 범벅인 내 목소리 들리거든
가여워 보듬으러 가던 길 돌아서서
내게로 한 발짝 한 발짝 돌아오셔요.

당신이 가려는 그 길은
지금 가면 다시 못 올 길이니
부디 내 말 들어 발 길 돌려 주셔요.

늦어도 좋아 천천히 와도 좋아
한 번 가면 되돌아 아니오는
강나루 조각배 올라타지만 마셔요.

그대여
하아아아 그대여 그대여
어쩌면 어쩌면 어쩌면 좋단 말여요.

내 사랑보다 내 눈물보다

더 진한 그 무엇이 불렀기에
기어이 당신은 그 길 그대로 가셨나요?

얼만큼 세월이 가야 어디쯤에서
당신을 다시 볼 수 있을까요?
당신께 하고 싶은 말이 너무도 많아요.

술

그냥 물인데
잔 속에 담긴 물일 뿐인데
찰랑찰랑 그리움이 고였어.

두런두런 나누던 얘기도 한 술
알콩달콩 정겹던 사랑도 한 술
술렁술렁 오가던 농담도 한 술

겨울볕에 하루 말린 풀치 몇 마리
뚝배기에 자박자박 조려내고
주말마다 꼬막 데쳐 식탁 착륙

겨울 한 가운데 들어서 추위 가득해도
늦은 밤 때늦은 저녁상에 배는 고파도
기울이는 한 잔 술에 넘치는 건 사랑

이태 지난 잔 속엔 그리움이 차고 넘쳐
줄줄줄 흘러 쏟아져 버릴까봐
차마 술 한 잔 기울이지 못하겠어.

잔 속에 담긴 건

그냥 물인데
목으로 넘어가는 건
아프디 아픈 그리움이야.

추억을 꽂다

서랍 속에 봉지봉지 든
오래 된 사진 뭉치들
우리 딸 다섯살
우리 아들 열한 살 무렵
전국일주 시작하던 때부터
가족산행 남도여행
해마다 계절마다
차곡차곡 쌓인 추억의 산이
참 높기도 하다.

두꺼운 칸나앨범 두 권
온라인 주문하니
바로 다음 날
친절히 배달되어 오고
지난 추억 곱씹으며
미소 짓다 눈물도 짓다
가지런히 담아 모았다.
우리 식구 좋은 구경
여기저기 많이 시켜주려고
우리 신랑 참 애썼다.

지금 이 추억의 앨범
어깨 너머에서 보고 있으려나?

어지간하면

생명의 그림자는 있기나 한 건지
저 바싹 말라붙은 나뭇가지

뼛 속으로 후벼 파고 들어오는
저 서슬 퍼르러니 앙칼진 바람

하늘길도 막고
바닷길도 막고

해 넘어가며 던지는 시뻘건 빛에도
얼어버린 세상은 꿈쩍도 않는다.

어지간하면
이제 좀 물럿거라. 추위야!

이 겨울 네가 있어
내 마음이 더 구슬프다.

십이월에서 다음 해 이월까지
찬란한 축제였던 나의 계절이

한 순간 벼랑 속으로 떨어져
헤어날 수 없는 암흑의 계절이 되고

나뭇가지 속에 숨은 생명의 싹
바람 속에 숨어 전해지는 봄의 기대

예전에는 당연하다 그랬는데
그렇게 느낄 수 없는 못난이가 되어버렸다.

추위야. 어여어여 지나가다오.
어지간하면 이만하고 지나가다오.

너와 함께 하니 그리운 님 생각에
가슴이 차디차게 시려와 심장이 얼어버렸구나.

슬픈 기념일

기억해야 하는데
챙겨줘야 하는데
그러기엔 마음이 참 아픈 날이야.

상실감의 회오리가
아직 내 몸을 휘돌고 있는지
하루 종일 어질어질해.

당신이 웃고 떠들고
우리 함께 행복했던 이 삶을
소리 없이 내려놓고 떠난 날

당신의 마지막을 떠올리면
아직도 숨이 멎을 듯
먹먹한 가슴 옥죄게 하는데

괜찮아 라고 쓴 무표정한 얼굴
그리움에 터져버릴 것만 같은 심장
검은 코트 속에 숨긴 채로

그저 용화사 부처님 앞에서

당신의 안녕을 빌어 줄 뿐
당신이 말없이 떠난 슬픈 기념일에

마음아 마음아

오늘도
또 하루를 살아냈구나 하는 맘으로
신경약 한 줌 목구멍에 털어 넣고
한 잠 자보려고 잠자리에 들지만

넓은 방 안 가득 찬 차가운 공기에
오돌오돌 떨리는 몸은 점점 웅크려져
이불을 머리까지 쳐들어 덮어쓴 채
애써 눈을 감아버리지.

짧지 않은 지나 온 시간들
아후야아 어찌 견뎠을까 소름이 돋고
일 년쯤 훅 지나버리면 좀 낫겠다 싶었던
처음 그 때 그 순간의 생각이
모조리 헛된 생각이었음을 이젠 알아.

이 년이란 시간이 지났지만
아픔도 그대로요 그리움도 그대로
살아야 한다고 맘 먹으니 견뎌지고
견디니 나아진 듯이 보이는 버거운 삶

세상에 비쳐지는 내 모습은
일천 개의 퍼즐 조각 중 겨우 맞추어 놓은
한 모퉁이 몇 개의 조각에 불과할 뿐일 텐데
세상은 나에게 상처가 다 아물었구나 라고
그렇게 정답을 써야 한다고 암묵적 강요를 해.

갑작스런 상실의 아픔과 슬픔은
노력한다고 사라지거나 나아지는게 아니야.
물 흐르듯 계절이 변하듯 달이 뜨고 지듯
그저 그렇게 순리대로 흘러가게 둬야해.

웃다가도 울고 싶을 때 한 웅큼 쏟아낸 눈물로
아픈 가슴 어루만져 그리움 달래다 보면
우리 결혼기념일 생일 그리고 명절
빈 자리 처절하게 확인 당하게 되는 날도
눈물 없이 맞게 될 날이 오겠지.

서로 맞잡았던 따뜻한 손의 느낌을 못잊어
신경약 한 줌 입에 털어 넣고 잠을 구걸하는
지금 이 밤도
모두 지난 일이라고 담담하게 떠올릴 날 있을 걸.

사랑하는 이는 떠났어도
그와 내가 한 마음으로 사랑하는 아이들이 있어서
이 세상 살아야 할 이유는 충분히 있어.
그래서 난 엄마라서 버티고 견딜 수 있는 거야.

그렇지 않니?
마음아 마음아?

미안합니다

당신이 없는 세상
숨이나 제대로 쉬고 살 수 있으려나

당신이 없는 세상
걸음이나 제대로 걷고 살 수 있으려나

당신 없는 세상
밥이나 제대로 먹고 살 수 있으려나

당신이 없는 세상
숨도 제대로 쉴 수 없을 줄 알았는데

당신이 없는 세상
걸음도 홀로 걸을 수 없을 줄 알았는데

당신이 없는 세상
밥도 목에 걸려 안넘어 갈 줄 알았는데

당신이 없는 세상에서
힘들지만 숨도 쉬어지고
비틀대지만 걸음도 걸어지고

맛없지만 밥도 목으로 넘어가네요.

당신이 없는 세상에서
당신에게 너무나 많이 미안할 만큼
꺼먼 가슴 속 깊이 당신 묻어 놓고
이렇게 이렇게 또 살아지기도 하네요.

숨바꼭질

꼭꼭 숨어라.
소매자락 보일라

꼭꼭 숨어라.
숨소리랑 들킬라

꼭꼭 숨어라.
그림자랑 잡힐라

꼭꼭 숨었다.
손톱만큼도 안뵌다.

꼭꼭 숨었다.
귀대어도 안들린다.

꼭꼭 숨었다.
해 길어도 꼬리 없다.

한기 스민 몸둥이
오돌오돌 감싸안고
둘레둘레 돌아봐도

없다 없다 진짜 없다.

너른 마당 돌아돌아
찾아 헤매어도
숨바꼭질 한 가운데서
하늘로 솟아버렸다.

술래
너 혼자 남았다.

설날

엄마가 손수 지어주신
노랑저고리 빨간치마 입고
언덕 위 큰고모네 집부터
한 바퀴 돈다.

세뱃돈은 얼마면 어떠리
오십원도 좋아라 백원도 좋아라
땡그랑땡그랑 복주머니 속에서
신나라 춤을 춘다.

앞마당엔 아버지가 만들어 놓으신
널뛰기 판이 기다리고 있다.
한복치마 앞으로 웅켜잡고
팔짝팔짝 하늘 높이 뛴다.

옆집 아재네 마당에선
윷놀이가 한창이다.
걸 나와라 잡았다 하하하하
웃음소리 온동네에 퍼진다.

오십년도 안된 짧은 인생

설날의 행복이 내 것이 아닐 줄
그 누가 짐작 했으랴.
그럼에도 불구하고
유년시절 행복했던 설날 기억이
나의 슬픔과 설움을 그나마 덮는다.

되새김질

집안 여기저기 구석구석마다
당신 손길 안닿은 곳이 없어
잊으려 해도 잊혀지지 않는
너무나도 생생한 모습들
잠시라도 떨쳐보자고
문을 열고 밖으로 나서 보아요.

현관문이 닫히면서
당신의 그림자가 벌써 앞서 걷네요.
엘레베이터가 아니라 계단으로
성큼성큼 걸어가서는
경비실 앞에서 인사를 나누고
왼손은 바지주머니에 찔러넣고
오른손 힘차게 휘두르며 가다
이내 뒤를 돌아다볼 테고
천천히 좀 가라고 종종종 뒤쫓던 마누라
손 잡아채어 꼬옥 잡고는 같이 걸어요.

아파트 산책로에도
슈퍼에 가는 쪽문길에도
큰길 건너 먹자골목에도

온 동네방네 당신 흔적 없는 곳이 없고
환할 때나 어두울 때나
모두 이유있는 그림자가 깔려있어
어지간히 큰 지우개가 아니면
한 귀퉁이라도 지울 수 조차 없어서
수북하게 차오른 그리움이
터져 버릴 것만 같아요.

추억이 많으면 많은 대로
기억할 것이 많아 좋겠다지만
사방을 둘러보아도 늘상 둘이었다가
이제 혼자가 되어버린 내가 보이고
더이상 둘이 함께 추억을 만들 수 없으니
참 많이 아프네요.
아이들로 인하여 행복한 순간들 속에
이제 당신이 동행하지 않으니
그 또한 아프네요.

오늘 하얀 가운의 남자가 물었어요.
아직도 못내려놓느냐고요.
너무 오래 아파하면

우리 아이들이 힘들어 한다네요.
나 때문에 당신도 우리 아이들도
아프길 원치 않아요.

애써볼게요.
당신을 내 맘에서 내려놓고도
잘 살아갈 수 있을 지 모르지만
당신이 사는 나라에서 볼 일이
생각보다 길어지나 보다 여길게요.
아직도 열에 아홉 날은
당신이 내 곁을 떠났다는 것을
인정할 수 없지만
무던히 애써볼게요.

오롯이 당신만 따라가던
발자국을 돌려볼게요.

바람의 말

바람이
내게 말을 걸어 오네요.

어디서 왔는지
어디로 가는지
잠시 내게로 와서

어느 순간에는 살랑대다
어느 순간에는 몰아치다
어느 순간에는 숨멎듯 섰다가

제 맘대로 곁을 맴돌다
제 맘대로 휙 가버리는
저 바람 한 자락 같은 당신

당신은
잠시 내게로 왔다간
한 자락 바람이었군요.

창 밖에 부는
2월의 바람이
당신을 그만 잊으라 하네요.

망상

받아야 할 건 받고
줘야 할 건 주고
모조리 남김없이
정리하고 보냈어야 하는데

바깥살이 바쁘니
딱 요 나이 되어서
퇴직한 후 보자고
받을 것도
줄 것도
줴다 아껴두기만 했더라.

좋은 날 좋은 시에
골라 떠난 것도 아니고
느닷없이 끌려가느라
그 동안의 맹세가
헛참 이럴 수가
한낱 공수표가 되었다.

퇴직하면 다해준다는 건
양치기 소년

피노키오 거짓말
나중에 다해준다는 건
지키지 못할 공염불이었음을
설마 당신도 몰랐겠지.

아직도 정신이 아득하여
내 소원이 이루어질 날
과연 오려나 꿈을 꾸네.
일 내려놓은 우리 옆지기
콧노래 흥얼거리며
운전해주는 차를 타고
출근하는 꿈 그 꿈을

결혼기념일

이십 사년 전 당신께서 나와 결혼한 것은
축복받을 만한 것이었을까요?

적어도 특별한 이십이 주년이 다가오기 전
우리의 결혼은 행복하게 기념하기에
넘치고도 남음직한 축복이라 여겼지요.

일천구백구십이년 이월 이십이일 두시
같은 숫자가 너무나도 많이 겹쳐
남들도 절로 외워지는 우리 결혼기념일

그 날에 당신이 나와 결혼하지 않았다면
지금 어느 하늘 아래 숨 쉬고 있지 않을까요?

이천십육년 이월 이십이일
예나 지금이나 같은 기념일인데
서러움 가득한 이슬만 쌓이네요.

앞으로 잊으려 해도 잊혀지지 않는
슬픈 기념일을 몇 번이나 더 지나야
하얀 눈을 어여쁘게 바라보게 될까요?

당신과 나의 결혼 이십사 주년
그럼에도 불구하고 축하해요.
덕분에 사랑스런 두 아이가 곁에 있거든요.

나의 소원

백범 김구 선생님은
우리 나라의 자주독립이
소원이고 소원이요 소원이라 하셨다.

지금 이 순간 하늘님이
내게도 소원을 물으시면
시간을 거슬러 돌아가게 해달라고
간청에 간청을 해 볼 터이다.

1월의 여덟 번째 날 이른 아침
잰 걸음으로 출근하게 두지 않고
손목을 끌어 병원으로 갈 터이다.

무조건 아내 말을 잘 들어야
당신의 미래가 무탈하게 열린다고
애원에 애원이라도 해 볼 터이다.

늘 당신 마음 가는대로 살아서
내가 그러자 한들 들어줄리 만무하지만
평소에 하지 않던 잔소리니
이번 만큼은 들어달라 매달릴 터이다.

행여라도 하늘님이 내게
네 소원 무엇이냐 물어주시는 날
그 날이 꿈처럼 꿈이라도 왔으면 좋겠다.

독백

당신이 보고싶어 울다가도
당신을 생각하며 힘을 냅니다.

삼월에 느닷없이 퍼붓는 장대비는
내 가슴에 매일 쏟아지는 눈물입니다.

그리움 위에 설움이 차올라 버거워져도
내 얼굴에는 미소만 담고 있어야 합니다.

아무도 없는 저녁 안방 모퉁이에서
말없이 웃고만 있는 사각틀 속 당신을 응시하다

너무나도 보고싶어 소리내어 울다울다
또 울음 끝에선 당신을 보며 힘을 냅니다.

꽃샘추위

보고 싶어. 파릇한 새싹
봄을 기다리는 마음 담아
한결 보드라워진 바람결에
몽실몽실 물오른 버드나무에서
곧 새순이 톡 터질 것 같더니
오늘 아침 다시 쌩하니 찬 바람이
볼을 할퀴고 지나네.

보고 싶어. 파릇한 새싹
현실의 안팎 온통 겨울 속에서
찢기고 후벼지고 구멍이 뚫려
차가울 수 밖에 없는 가슴이
다독다독 어쩌다가 겨우 조금
무늬만이라도 따뜻해지려 하는데
오늘 아침 다시 쌩하니 찬바람이
눈물자국 따라 지나네.

틀

내가 서 있는 여기
바로 지금 여기에서는

슬퍼해도 안되고
울어서도 안되고
그저 웃어야만 해.

갑자기 서글픔이 밀려와도
갑자기 그리움이 솟구쳐도
갑자기 허무함이 뒤덮어도

나를 바라보는 눈과 귀들이
성곽의 감시병처럼 둘러서서
웃지 않으면 창을 꽂을 태세야.

세상은
내가 천천히 일어서기를
내가 온전히 나아지기를
넓은 마음으로 기다려주지 않아.

상실의 슬픔은 오로지 내 몫이기에

세상 누구도 그 아픔의 깊이를 가늠 못하니
지금쯤은 일어서 있어야 당연하다 해.

내가 서 있는 여기
바로 지금 여기에서는
속으로 속으로 삭이다 몸과 맘 병이 들어도
아파도 안아픈 척 이젠 나은 척 살아야 해.

봄바람

동화 속에서
해와 바람이 다퉈요.
서로 자기가 제일이라고

자나가는 사람의 코트를
벗기는 사람이 이기는 거라고
의기양양 서로 내기를 하죠.

바람은 온 힘을 다해
쌩쌩 불어댔어요.
몸을 한껏 움추린 그 사람은
옷깃을 꽉 웅켜쥐었어요.

햇님은 그저 따스한 햇살을
온 세상에 골고루 비춰 주었어요.
점점 세상이 따뜻해지자 그 사람은
코트를 벗어들고 걸었어요.

내 마음을 아프게 한 겨울바람
아무리 앙칼지고 서슬 퍼랬어도
따스한 햇살 머금은 봄바람에는

질 수밖에 없는 동화 속 주인공 같아요.

따스한 봄바람을 타고
새싹이 돋고 꽃이 피는 사이
마음에 남은 아픔의 찌꺼기들은
꽃향기 속에 섞여 흘러 희망이라는 꽃이
더불어 더불어 피어나겠지요.

바람이 분다

흙 부스러기 떨어져내리는 초가집
한지쪼가리 군데군데 덧댄 낡은 문
고 틈새로 바람길이 뚫렸나보다.
무겁게 걸린 둥근 쇠고리 사이에 버텨앉은
숯검뎅이 같은 숟가락 몽댕이도
그 바람을 어쩌지 못하나보다.

어깨가 시리다.

사방을 둘러친 벽이 통째로 날아가버리고
벌레구멍 총총 둘러싼 삭은 기둥은
금세 툭 부러져 주저앉을 것만 같아
비집고 들어오는 바람 한 줄기 막아줄
한지쪼가리도 숟가락 몽댕이도 없는
마음 속 깊은 골짜기 황량한 벌판에서

온 몸으로 바람을 맞는다.

춥다.

그리움이 바람처럼 분다.

봄봄봄

시간이 흐르니
아프기만 한 봄은 아니더라.

마른 나뭇가지 끝에
뾰죽이 내민 연두빛 고운 잎이
참 예쁘다 싶은 마음보가
시린 눈동자를 뚫고 나오는 걸 보니
가슴 저 깊은 골짜기에도
봄은 오는가 보다.

님 떠난 나의 들판에는
언제나 찬 바람만 불고
생명의 그림자 드리우는 것조차
마주할 용기도 없었더랬고
꽃이 피고 새싹이 올라와도
속절없이 가고선 돌아오지않는
님 생각에 그저 눈물샘 열고
마를 때까지 흐느꼈더랬어.

살랑이는 바람에
터뜨리는 봄의 교향악이

조금씩 들려오는 걸 보니
시간이란 게 흐른 모양이야.
제법 쓸 만한 약이 되기도 하고……

어쩌다

들쑥날쑥한 감정이란 녀석을
요리해 볼까 조리해 볼까

어쩔 수 없음을 알아채버린 시간
버얼써 두 해 돌아서 왔는데도

오다가다 와락와락 밀려드는 그리움을
순간순간 울컥울컥 올라오는 서러움을

내 맘대로 어쩔 수가 없어서
그저 벌컥벌컥 눈물을 쏟아낼 수 밖에

어쩌다 당신은 그렇게 인사도 없이 가버렸고
어쩌다 나는 홀로 이렇게 세상에 남아버렸을까

칠월 칠석 오작교에서 견우직녀 만나듯이
어느 날엔가 단 하루라도 당신을 보고 싶어.

어쩌다 당신이
어쩌다 내가 이럴 수가

내 마음에도 봄

또각또각 바쁜 출근 길 쭈욱 뻗은 청량공원길
앙상한 나뭇가지 틈새로 쏘옥쏙 새순 돋는 소리
파란 하늘 흰구름 사이로 살랑대는 바람소리
학교 담장따라 노란 개나리 퐁퐁 피어나는 소리

벌써 봄이다.

회색빛 도시 한복판 넓다란 아파트 단지에
한바탕 흐드러지게 피어 흩날리는 벚꽃잎들이
온 세상에 봄이 온다고 떠들썩거리고
어느 새 얼어버린 내 마음도 녹아내렸나 보다.

다시 꽃이 예쁘다.

설움에 같이 묻혀 버렸던 봄의 향기
그리움에 같이 묻어 버렸던 봄의 노래
아픔에 같이 놓쳐 버렸던 봄의 추억
하나 두을씩 들춰 내어 눈 앞에 펼쳐놔도
어제보다 오늘이 덜 아픈 걸 보니

내일은 더 잘 살아지겠다.

생각해 보니

오뚜기처럼 다시 일어나 걸어 보자.
힘든 시간이 내게만 있더냐 싶어서
마음 다잡고 뚜벅뚜벅 걷고 있었어.

당신을 위해 내가 만든 틀 속에서 쳇바퀴 돌 때
그토록 갈망하던 홀로 하고 싶은 일도 해보며
삶의 다른 재미를 찾아보려 했지.

친구도 만나고 영화도 보고 수다도 떨어보지만
내 인생에서 가장 큰 재미는 뭐니뭐니 해도
매일 당신과 함께하는 거였어.

당신과 함께한 시간 보다 더한 삶의 재미란 건
이 세상 어디에도 없으니 이를 어쩌랴
당신의 그늘에서 벗어나려고 허우적 댈수록
그리움의 늪에 더 깊이 빠져 드니 이를 어쩌랴

이젠 당신과 함께 말할 수도 없고
이젠 당신과 함께 걸을 수도 없고
이젠 당신과 함께 먹을 수도 없고
이젠 당신과 함께 웃을 수도 없어.

생각해 보니

지난 날 당신과 함께 했던 행복한 일들이
저 하늘에 별만큼이나 참 많았어.
내 생애 가장 큰 재미가 당신과 함께 있는 것인데
무엇 때문인가 고스란히 빼앗겨 버렸네.

당신이 남긴 어여쁜 아이들 지켜야 하기에
난 당신 따라 그 길을 갈 수조차 없고
그리움을 눈물로 삼키는 지금 이 시간도
심장을 움켜 쥐고 당신을 가슴에 조용히 묻네.

세 번째 봄

벌써 다시 봄이 왔어.
당신 없는 세 번째 봄이야.

여전히 파릇파릇 연둣빛 새싹이 돋고
꽃망울은 몽글몽글 부풀다 금세 피어나고
뿌연 미세먼지 덮힌 마을 구석구석에서도
하얀 꽃비가 하늘하늘 나풀나풀 매일매일 내려.

활짝 웃는 우윳빛깔 목련을 바라보다
탱그라니 싱그럽게 나도 따라 웃고 싶은데
시선이 땅바닥에 떨어져 짓밟힌 꽃잎에 꽂혀
당신의 끝은 그나마 아름다우니 다행이다 위로해.

당신 없는 첫 번째 봄엔 이 봄이 오는 줄도 몰랐고
당신은 가고 없는데 여전히 다시 살아나는 새싹이
너무도 미워서 계절을 통째로 비워버리고 싶었어.

당신이 여전히 없는 두 번째 봄엔
이제 진짜 혼자 봄을 맞아야 하는구나 실감했어.
당신과 함께하던 봄의 추억이 아프게 떠올라서
어둡고 쓸쓸한 봄 그림자를 만들어 날 가둬버렸지.

이제 세 번째 봄 당신은 삼 년째 내 곁에 없어.
당신이 늘 예뻐했던 내 모습대로 살아도 보고
당신 앞에서 하던 대로 사진 보고 수다를 떨어.

올 봄
나뭇가지 뚫고 나오는 새싹이 애처로이 예뻐보이고
따사로운 햇살아래 화사한 꽃들도 다시 예쁘게 보여
조금씩 조금씩 나도 잘 견뎌가는구나 싶네.
아직 혼자 걷는 게 서럽긴 하지만

길목

슬픔도
지나가는 길이 있어.

억지로
길을 막으려고 하지마.

가던 길
그대로 가게 두다보면

언젠가
지나온 길 추억하게 될 거야.

지금 난
슬픔의 정상에서 내려가는 길

시간이
조금 더 지나면 평지에 다다를테고

갈래길
앞에 서서 어디로 갈까 궁리하지 않고

중년의
인생을 즐겁게 살 수 있는 나만의 길로

그리움의
눈물 따위 흘리지 않고 당당히 걸을 거야.

아직도 내 맘은

한 걸음씩 앞으로 나아가려면
그나마 남은 것들에 대하여
감사라는 걸 해야 하는데
문득문득 원망이 먼저 들어요.

당신이 갑작스레 떠나서는
엉망으로 꼬여버린 인생
시계바늘조차 멈춰버린 인생
그럼에도 불구하고 남들은
내게 감사한 게 많다네요.

눈을 조금만 옆으로 돌리면
다행이구나 싶은 게 보이는데
당신 자리가 너무 컸더래서
뻥 뚫린 가슴에 감사도 다행도
그저 새어 나가기만 해요.

당신을 잃은 슬픔이 너무 깊어서
아직은 주변에 남은 열의 아홉
감사함이 눈에 안들어와요.
나의 우주 나의 별이었던 당신

당신이 돌아오면 감사할게요.
꿈에서라도

비 이야기

비가 와요.
뚝뚝 떨어져 내리는 저 빗물은
그리움일까요
서러움일까요

어제도 비가 왔는데
그윽한 커피향기에 취한
낭만이었어요.

오늘도 비가 와요.
쓰디쓴 커피 속에 빠져버린
외로움이에요.

내일도 비가 올 텐데
빈 잔을 채운 이별의 아픔을
노래하겠죠.

비가 와요.
후둑후둑 내 맘을 밟고서
그리움도 서러움도
끌어안고 내일로 가요.

오월에

초록이 맘속까지 푸르르던
우리의 오월이 다시 왔다.

어린이가 아니어도
마음만은 하얀 어린 아이 같은
순수함으로 가득한 우리 식구

어버이 따뜻한 마음
가슴으로 받아 새겨 행동하는
서로 사랑으로 가득한 우리 식구

부처님 자비의 손길
세상 곳곳 전해지기를 기도하면서
먼지 한 톨 만큼만 내 것이기를 바라던 우리 식구

자식의 거울이 되려
아끼고 존중하는 마음으로 품어
늘 마주보고 두 손 맞잡은 우리 부부

어린이 날부터 부부의 날까지
오월 한 달 내내 사랑하는 이와

얽히고 섥힌 추억거리 덕분에

눈물나도록 아프지만
눈물나도록 고마운 추억들
그 힘으로 아픈 오월의 고개를 넘는다.

아침햇살에

내 삶에 모진 비바람이 불었대도
그건 이미 지난 일일 뿐이야.

어제는 우중충 종일 궂던 하늘이
오늘 아침에는 활짝 개었네.

꼬맹이들이랑 줄넘기도 해야 하고
청량산 둘레길에 소풍도 가야 하는데

비바람 여전히 몰려 들어 올까
밤새 마음 졸여 잠을 설쳤더니

반가운 해가 환하게 떠올랐네.
그래 그렇지!

어제 궂은 비가 내렸다고
오늘 또 비가 오란 법은 없지.

내 삶에 느닷없이 불어 닥친 시련
어제 내린 비처럼 이미 지난 일일 뿐이야.

시간이 약일까

하얀 눈이 내리고
거리엔 오가는 사람들의 발자국
밟고 덮히고 눌리고 지워지고
그 땐 그랬었지.

거리에 어둠이 내려 앉았을 때
내 가슴에 지워지지 않는 발자국 하나
커다랗게 찍어놓고 말없이 떠나버린
나의 첫사랑이 있었어.

스물셋 하얀 겨울에 처음 만나
고작 이십사년 밖에 함께하지 못했는데
이별이래 가야한대 그것도 말도 없이
받아들일 수 없어서 숨도 쉴 수 없었지.

내 어깨를 토닥이는 이들이 말하길
"시간이 약이란다. 힘내라."
상처 나고 가슴이 찢긴 사람에게
그 말은 위로가 안된다는 거 당해보니 알겠어.

죽을 힘을 다해 안 죽고 버티는데

더 낼 힘이 없는데 힘을 내라면 어떡해.
하루하루 눈을 뜨고 싶지 않은 시간을 맞는데
시간이 약이라니 당해보지 않아서 하는 소리지.

그 어떤 말로도 아픈 마음 위로가 안될지라도
시간을 약으로 만드는 건
힘내라는 말을 약 삼아 듣는 건
오로지 나 밖에 할 수 없어.
그렇게 견디면 돼.

삶이란
더구나 아픈 상처 있는 삶을
산다는 것은 하루하루 견디는 거라잖아.
내가 살아보니 시간을 약 삼아 견뎌가면 돼.
마그마 같은 심연의 그리움을 잘 달래가면서

하늘로 보내는 편지

세상에 영원한 건 없다는 거
진작 깨달았으면
당신이 조금 일찍 갔다한들
그리 서럽지는 않았을 테지요.
영원한 사랑일 것 같던 당신이
어느 날 갑자기 떠나고
망망대해 돛단배처럼
아슬아슬 넋을 놓고 헤매이면서도
먼 훗날 다시 만날 수 있을 거라
미련한 기대를 여전히 안고 살아요.

우리의 행복했던 지난 날들은
아련한 추억으로 벽에 걸리고
네모난 영상 속에서만 미소를 짓는
그리움 묵고 묵어 농익어버린 당신
그 길 함께 가지 못했을지라도
다만 조금 늦더라도 기다려 줘요.

시간이 좀 더 흐른 뒤에
나의 첫사랑 그리고 끝사랑
나만의 당신께 한 걸음에 달려 갈 날 곧 있겠지요.
세상에는 영원한 것이 없으니

사랑

보이지 않아도 보이는 게 있어.
그게 바로 사랑이야.

단 하나의 내 사랑아.
눈에 보이지는 않아도
이젠 마음으로 당신을 보고
가슴으로 휘파람 소리를 들어.

당신을 사랑한 것이
더없이 넘치는 행복이었음을
사랑하는 마음을 간직하는 것이
유유히 흐르는 물결 같은 행복임을

지금 저 창가에 흐르는 빗물처럼
수많은 시간 눈물로 채웠어도
당신을 떠올리는 순간 순간이 행복이야.
그게 바로 사랑인게지.

나의 사랑 나의 하늘

내가
더 무엇을 해주고 싶다면
그대
내 곁에 다시 올 텐가요?
당신을
명예롭게 일으켜 세웠으나
내게
다가오지 않는 머언 하늘
애써
담담하려 하지만 아픈 가슴이여.

감사함으로

당신이
잘 살아주셔서 어찌나 감사한지요.

사명을 다하던 일터에서
늦겨울 서쪽하늘 지는 해처럼
애닯게 뚝 떨어져 버린 목숨

당신의
고귀한 가치가 눈 녹듯 사라질까
안타깝고 서러워서 가슴은 아우성치고

계란으로 바위를 치는 심정으로
긴 세월 부딪혀 싸우며 아팠지만
한 가닥 두 가닥 찾아낸 삶의 의미

쓰디쓴 시간을 견딘 보람이
봄나비처럼 반갑게 날아든 날
당신이 그리워 다시 쏟아낸 눈물

기쁨이 허무함으로 온 몸을 짓누르고
뜨거운 눈물이 용암처럼 자꾸 흘러도

당신의 아내로 도리를 다했기에

푸른 언덕에서 잔잔한 미소 보내는
당신을 만나러 가는 발걸음은
하늘을 둥실 떠가는 구름마냥 가볍겠네요.

당신,
잘 살아주셔서 참으로 감사합니다.

상실의 기억

따라갈 수 있는 길이라면
벌써 앞서 갔을 거야.

돌이킬 수 있는 시간이라면
벌써 되돌렸을 거야.

가슴에 묻은 당신
따뜻했던 손 떠올리면

가슴에 바위 하나 얹은 듯
답답해져 숨이 멎고 말지.

마지막 입맞춤
차가웠던 당신의 볼

두 손으로 쓰다듬고 보듬어
나의 온기 담아 보낼 걸

마지막조차 지키지 못하고
정신줄 놓은 못난 마누라

먼 시간 돌아돌아 떠오른 기억에
아아.
그건 당신 앞에 죄를 지었음이야.

삼십년 후쯤

내가 이승을 떠날 때는
이제 간다고 말하고 갈 거야.
난 괜찮으니
너희도 괜찮았으면 좋겠다고
위로 하고 떠날 거야.

누구처럼 어느 날 갑자기
말 한마디 없이 훌쩍 사라져
남은 식구 가슴에 못 박는 일은 안할 거야.

여전히 물음표
하늘이 당신을 왜 그리 일찍 불렀을까
머릿 속에서 지워지지 않는 의문

우리 행복의 철로를 무참히 휘어버린
선한 탈을 쓴 하늘의 심보가
고약도 하다 고약해.

그런 원망의 하늘일지라도
날 불러 갈 때가 되면
난 이별의 인사쯤은 하고 갈 거야.

나의 사랑하는 아들딸아!
너희 덕분에 참 행복했단다.
우리 아들딸 울지 말고 행복하거라.

그리고
너무 오래 슬퍼하지 말거라!

매미울음

소음도
이런 소음이 없어

한낮 불볕 더위에도
전혀 사그러들지 않는
작은 몸뚱이의 위대함

오전 열한시
어김없이 오늘도 폭염경보
안내 문자가 날아들었지만

어차피 한 번 사는 인생
뜨겁게 살다가자 하는지
발악하는 매미들의 울부짖음에

나의 귀가 따갑다.
달구워진 아스팔트처럼
내 심장도 끓어 오른다.

하룻 사이

참 신기하기도 하다.
어젯 밤에도 열대야에
잠을 설쳤는데

거미줄 보다 가느다란
새똥 찌끄린 것보다 작은
갈라진 땅 적시지도 못한
빗방울 몇 줄기 다녀가더니

오늘 밤
내 몸이 이불을 덮잔다.
팔뚝엔 어느 새
오돌도돌 소름이 돋았다.

하룻 사이
숨막히던 여름이 자취를 감추고
귀뚜라미 찌륵찌륵 상념의 가을로
계절이 바뀌었다.

영정사진

나를 보고 웃는다.
아무 소리도 없다.

지그시 바라보는 눈길
미동도 않는다.

윙크에 콧노래가
나올 때가 지났는데

여전히 그저 그렇게
입가에 미소 띤 채로

당신 바라보고 있는 나를
덩달아 바라만 본다.

뚝배기 사랑

검지 손가락으로 투욱 눌러
전기렌지 전원 버튼 꺼버렸는데도
뚝배기에 담긴 된장찌개
여전히 보글보글 끓고 있다.

당신이 날 두고 떠나던 그날
당신과 나 사랑의 버튼이 꺼지고
타오르던 불꽃도 사그러들었는데
내 사랑 당신 그리움의 용트림이
금방이라도 솟구칠 듯 꿈틀거린다.

입추 지나도 뜨거운 태양의 열기는
추억의 그림자를 더욱 짙게 드리우고
내 맘 속의 당신
당신을 향한 오롯한 나의 사랑이
뚝배기처럼 여전히 뜨겁게 끓고 있다.

마치 유언처럼

그 해 가을
당신이 내게 보낸 멧세지
가슴에서 지울 수가 없어서
시커먼 내 속 같은 먹을 찍어
화선지에 그대로 옮겨 놓았죠.

"세상에서 젤 좋은 집은
사랑하는 사람 마음이래."
"고로 난 젤 좋은 집에 사는 거 같아."

내가 당신과 함께 하는 동안
당신에게
젤 좋은 집이 되어서 다행이에요.
당신이
젤 좋은 집이라고 해줘서 고마워요.

생각해 보니
예나 지금이나
당신도 내게
젤 좋은 집이었어요.
지금도 여전히 그래요.

부재중 전화

당신의 벨 소리가
점점 잊혀져 갑니다.

단축번호 1번
꾸욱 누르면
마이러브 네 글자 화면에 뜨고
당신에게 신호가 갑니다.

한 참을 울려도
당신은 뭣이 바쁜지
전화를 받을 수 없다는
얄미운 여인의 음성만 들립니다.

벌써 부재중 전화 수십 통째
당신이 몹시도 그리운 날
단축번호 1번 또 눌러보지만
야속하기 짝이 없는 전화기 너머에선
오늘도 전화를 받을 수 없다 합니다.

그리운 이여
이 부재중 전화 확인하시거든

당신도 단축번호 1번 눌러
이쁜 아내에게 전화 주세요.
목소리 단 한 번이라도 들려주시면
감사하다 평생 웃으며 살겠습니다.

내 마음의 풍선

언제부턴가 하나아 두우울
내 마음 속에 고무풍선이 생겼다.

그리움이 쌓일 때마다
빨강 파랑 노랑 초록 하양
차곡차곡 포개지더니

슬픔을 누르면 누를 수룩
눈물을 참으면 참을 수룩
지뢰밭 사이를 지나는 바람처럼
작고 작은 동그란 구멍 사이로
무명실 같이 희꺼운 설움
슬금슬금 조심스레 새어들었다.

문득 문득 허락없이 떠오르는
아픈 이별의 장면들로
내 마음 속 고무풍선 터질랑 말랑
몽실몽실 마알가니 부풀었다.

터뜨리자니 찢겨나가 아플 것 같고
그대로 두자니 날아가 버릴 것 같고

잊을 수도 없고
잊혀지지도 않고
잊어서도 안되는 추억이 된 당신

내 마음의 고무풍선 속에 아슬아슬 담겼다.

삶이 힘든 이유

문득문득
삶이 참 힘들 때가 있습니다.

함께 먹고
함께 웃고
함께 말하고
함께 자고
함께 일어나고
함께 손잡고
함께 걷던
사랑하는 그 사람을
더 이상
볼 수 없기 때문입니다.

추서

부질없다 부질없어.

가슴이 저리도록 아프기만한
눈이 쓰라리도록 눈물만 흐르는
살아서야 가문의 영광이겠다만
죽고나서야 이 무슨 소용이겠나
영정사진 앞에서 주인 없이 빛나는
저 훈장 그리고 서기관 임명장
야속하리만치 무겁다.

그리운 이여
보고 있나요?

나는
당신을 위해
할 일 다한 듯 합니다.

그런데
왜 이리 아프지요 가슴이……

시안에서

바람은 돌고돌아
지나간 자리에
다시 불어듭니다.

사람은 가고 나면
지나간 자리에
다시 돌아올 줄 모릅니다.

바람은 그리움을
휘돌아 싸안고 가버리지만

사람은 그리움을
가슴 언저리에 차곡차곡 쌓아둡니다.

가을 어귀 바람이 이 사람처럼
벌써 흔적을 남깁니다.

버드나무 잎새는 제법 붉은 티를 내고
간밤의 바람에 뒹구는 잎새도 보입니다.

이 사람 간 자리 흔적흔적마다

좋은 향기가 가득합니다.

아름다운 발자국이 물감처럼 찍혀
고이 품어 생각만 하고 살아도
아픈 상처 금방 아물듯 합니다.

괜찮아 괜찮아

둘이서 늘 별보며 걸었던 그 길을
타박타박 혼자서 걸었어요.
주홍빛 홍시 같은 가로등 불빛이랑
귀뚜라미 풀벌레 소리들이랑
살갗을 스치는 선선한 바람결이랑
같이 걷자고 따라오대요.

가로등 불빛 따라 내 그림자가
몰래 따라오다 숨고 다시 따라오기를
집 앞 다다를 때까지 숨바꼭질하듯 해요.
아마도 머릿속에 당신을 담고 걸어서
비틀 넘어지기라도 할까 걱정인가봐요.

발 걸음 한 발짝 내딛을 때마다
눈물 한 바가지 쏟던 시간들을 보내고나니
아픔을 삭혀 가라앉힐 줄도 알게 되고
혼자 걷는 이 순간을 받아들여야 한다고
이제는 그래야 되는 거라고
내 마음에게 자꾸만 타이릅니다.

여행자에게

멀고도 먼 길고도 긴
홀로 여행 보낸 지 어언 삼 년여
안개 자욱한 새벽녘처럼
한 치 앞도 뵈지 않던 시간들

눈을 떠야 하는 아침엔
오늘 하루만 살아내자
눈을 감아야 하는 저녁엔
오늘 하루 버텨냈구나
다람쥐 쳇바퀴 돌듯 되내이며

함께 떠나지 못한 여행
미안함에 서러움에
숨을 쉴 수조차 없어서
이대로 세상이 멈춰 버리기를
매일매일 맘 속으로 빌었는데

시계바늘 후울쩍 돌아돌아
이만큼이나 와 오똑이 걷고 있네.
차암 그 세월 힘들고 아팠지만
토닥토닥 잘 살아내고 있다 싶어

그런데 말여요
그대는
하늘 여행 어떤가요?

내 편

주걱이 쇳소리를 내며
씽크대에 나뒹굴었어.

가슴팍에 쌓였던 화가
파파팍 불꽃처럼 튀겼어.

걸러내지 않고 잠만 재우던
이놈저놈 핫거리들이

지루하게 늘어진 연휴 끝에
속엣말 들어 줄 내 편 없으니

가슴 언저리에서 아귀다툼하다
와그락닥 올라와버렸네.

기다려도 올 수 없는 내 편
말해도 들어줄 수 없는 내 편

시끌벅적하던 우리 집
이제는 텅 빈 공간에서

할 수 있는 건 그리워서 참다못해
주걱을 던지고 주저앉아 울어버리는 거야.

있잖아요

자기야. 있잖아요.
전에는
당신을 위해 음식을 하고
당신을 위해 집을 꾸미고
당신과 맥주 한 잔 기울이고
당신과 산책을 하고
당신과 등산을 가고
그런 시간들이 참 행복했어요.

그런데 있잖아요.
지금은
잠자는 시간이 제일 행복해요.
마냥 기다리지 않아도 되고
기다리다 지쳐서 그리워 안해도 되고
그리워하다 지쳐서 안울어도 되고
행여라도 꿈 속에서 당신을 볼까
기대라도 하게 만들잖아요.

그런데 있잖아요.
또 아침인데
긴 하루가 벌써 걱정이네요.

오늘은 집 밖으로 걸음을 나서 볼까 봐요.
시간이라도 빨리 흘러가게 말여요.
해가 지면 다시 올게요.

위로를 전해요

청명한 가을하늘아래
어린 자식 둘 덩그러니 놓고
갑자기 심장이 멈춘
젊은 아빠가 있어요.

당신이 날 사랑한 것보다
더 아내를 아끼고 사랑해서
뭐든 다 해준 사람이었다네요.

동네에선 좋은 아빠 멋있는 남편
이 사람 저 사람 부러워하는
그들 또한 잉꼬부부였다고 해요.

하늘은 왜 그런 사람들만 데려갈까요?
작년 우리 반 그리도 아끼고 아꼈던 아가
고작 아홉 살에 따뜻한 아빠를 잃었네요.

너 아직 젊은데 어쩌냐 내 걱정들 했는데
아가 엄만 나보다 더 살아갈 날이 많은 나이
멀고도 아픈 길이 보여 손잡은 채 울고만 왔어요.

선생님 밖에 우리 아이 부탁할 곳 없다고
어쩔 줄 몰라 팔짝팔짝 뛰며 우는 아가 엄마
예전 내 모습이 오버랩 되어 숨이 막혔어요.

남들이 내게 그랬듯이
시간이 약이랍니다
하루하루 버티고 이겨 내세요
엄마니까 살아내셔야 합니다.
그런 위로 밖에 할 수 없었어요.

언제든 내가 위로가 된다면
내 마음이나마 빌려 주려고 해요.
얼마나 아프고 절망일지
상실의 아픔 그 깊이를 너무도 잘 아니까요.

꿈의 목소리

당신의 목소리를 들었어요.
찾아헤매이다 헤매이다
허탈하게 앉아 목놓아울 때
누군가 녹음파일이 있다고 들려주네요.
카랑카랑한 시원스런 당신 목소리
선학동부터 연수동 문학산까지
줄줄이 설명해주는 그리운 음성
꿈 속에서 꿈에도 그리던
당신 목소리 그 목소리를 들었어요.
아직도 여운이 남아 가슴을 때리고
사과향 짙던 당신의 미소가 따라와
지금 내 앞에서 활짝 웃고 있네요.
고마워요. 당신
참 좋은 사람
비록 날 버리고 갔어도
이젠 안 미운 사람
그저 그리운 내 사랑

덧없는 세월

우리 둘이 한 마음으로
정을 들였던 세월이 덧없어요.

문득 드라마 대사가 떠올라요.
사람이 변하는 게 아니라
자리가 변하게 만드는 것이라는

내 자리가 변했어요.
당신 없이 오롯이 홀로 선 자리
잎새 떨어진 나뭇가지 같은 처지

당신으로 인해 맺었던 인연들 생각에
살랑이는 바람에도 칼에 베인듯 아프지만
마음의 바다에 조각배 띄워
덧없는 세월 영원히 실어 보내요.

이젠 아주 안녕이라고……

재능기부

아장아장 걸음마를 시작하는 아가 마음
어린이도서관으로 향하는 내 마음

앙증맞은 두 손으로 땅을 짚고
우뚝 서 한 걸음 내딛다 이내 풀썩

상처 나고 곪아 패인 여린 맘 다독여
다시 일어서려다 주저앉기를 아가처럼

어이쿠 다시 한 번 두 손 짚고 벌떡
뒤뚱뒤뚱 서너 걸음 달음질하는 아가

오로지 나만의 나로서 할 수 있는 일 찾아
재능기부로 시작하는 동화 읽어 주는 친구

걸음마다 보름달 같은 웃음 그리는 아가처럼
홀로 시작하는 행복한 베풂이 하늘에 닿아

많은 세월 지나 사랑하는 이 만나러 갈 때
조금만 더 멋지고 당당하게 가야겠다.

삶이란

지금 이 순간 살아서
땅을 딛고 서 있다면
나는
삶을 영위하고 있는 것이네.

시도 때도 없는 아찔한 순간
죽음의 그림자가 나를 비껴가도록
간절히 바라기보다

그저
어느 날엔가 누구든지
갑작스레 부름 받을 수 있는
사방이 하늘 정거장인 세상에서

하루하루 내 스스로 숨을 쉬고
해 저무는 저녁 감사기도를 할 수 있다면
행복한 삶이라 여길 것이라네.

다만
가끔씩 뜬금없이 흘리는 눈물은
삶이 고단해서도 아니요

사랑하는 이 그리워서
나를 달래 어르는 정화수라네.

세 번째 가을에

죽었다.
허전한 옆자리를 지키던
내 손 안의 작은 보물
사랑하는 내 사람 핸드폰

어젯밤에도 우리 좋아하던
겨울연가를 이어폰 나눠 끼고 봤는데
아침에 눈을 뜨지 않는다.

심장이 쿵 내려앉았다.
올 것이 왔구나.
마주하기 두렵던 또 다른 이별이

어찌해야 하나 발 동동 구르다
떨리는 걸음으로 출근을 하고
서비스센터에 들러 치료가 되는지 보고

하아아 회로가 완전히 나갔단다.
뭘 했다고? 지금 힘든 건 난데 말이야.
회로가 망가져야 하는 건 나일 듯 한데

네가 뭐라고 가니?
그냥 곁에 있어주는 조그만 위로도
힘에 부쳐 버거웠니?

가끔 받지 않는 전화기 들고 눈물 짜서
그게 싫었니?
그럼 난 이제 어쩌니 너도 없으면……

구형 전화기에 유심을 옮겨보고
계정을 살렸다. 살아났다.
야호! 넌 날 살린 거야.

당분간만이라도 더 곁에 있어 주렴.
근데 그와 내가 주고 받았던 멧세지는
복원하러 가야할까 묻어야 할까?

병실에서

손톱만한 것이었을까
아니면 그 보다 작았을까
자신보다 수십 배는 더 컸음직한
거대한 몸둥이를 쓰러뜨렸다.

눈알이 빠지도록 달아오르는 열
내장 깊숙한 진물까지 토해내다
뼈 마디마디 쑤시는 통증에
병상 아래 쪼그려 이를 악물고 버텼다.

주렁주렁 매달린 주사제에 생명을 맡기고
그 와중에도 살아내고 싶은 마음이 드는 건
시간이 흘러 깊게 묻어둔 그리움보다
슬픈 눈으로 아픈 어미 바라보는
아기새 두 마리 축 쳐진 날개 그 측은함이
더 강하게 심장을 쏘았나 보다.

그러한가 보다.
살아나고 싶었던 이유

손

당신 손 잡아야 잠이 잘 와.
당신은 늘 내게
버릇처럼 그렇게 말했어.
졸음에 겨워 내려앉은 눈꺼풀
껌뻑껌뻑 애써 들어올리고
싱긋싱긋 나도 그래 했더랬어.

마주 보고 누운 잠자리
나의 왼손은 매일매일
꽈악 맞물려 다물어진
조개의 단단한 껍질처럼
보드라운 당신의 왼손 아래
꼬옥 잡혀 있었더랬어.

어설피 깬 새벽잠에도
다시 한 잠 청할 때마다
소라게가 집 찾아 들어가듯
따스한 당신 손 밑으로
살그머니 나의 왼손 밀어 넣으면
잠결에도 꽈악 잡아줬더랬어.

찰나에 사라진 당신
편히 잠들 수 없는 나의 왼손
정신이 돌다돌다 빈 손에 머물면
나의 왼손 잡아채 달래보는 오른손
당신 손 느낌 그대로 잊지 못해
문득문득 용솟음치는 울음 한 줌
손목을 잘라야 이 고통 무뎌지려나

나의 왼손
당신 왼손

당신 바라기

인어는 서럽게 울수록
크고 고운 진주를 쏟아낸다지요.
삼 년을 하루 같이 기다리다 지쳐서
은빛 진주 알알이 가슴 터질 듯 채우다
하늘 끝에 뻗친 그리움이
당신 머물고 있는 그 성에 닿으면
잭의 요술 콩나무를 타고
구름 너머 올라가 똑똑 문 두드려
당신을 부를 수 있을까요

사랑 찾아 뭍으로 나온 인어이야기
드라마를 우두커니 보다가 문득
당신을 그리며 서럽게 흘린 눈물
내가 인어라면 진주 서 말은 되었겠다 싶고

꼬맹이들에게 잭과 콩나무
동화를 신비롭게 읽어주다가 문득
잭이 심은 요술 콩나무를 타고
구름 위로 올라 성문 앞에 서있으면
이쁜 아내 바로 그대의 당신인가 알고
반가이 맨발로 달려 나오지 않을까 싶고

그러다 또 문득
제 자리를 찾지 못해 헤매던 마음
꿈같은 시간 속에서 깨어 나오면
그리움에 오그라들다 못해 얼어붙은 마음
잔잔히 녹여 줄 당신 따스한 손이
그 어디에도 없음에 공허한 시선을 꽂지요.

다만 바라요.
그 어디라도 좋으니 단 한 번 만이라도
스쳐 지나더라도 좋으니 단 한 순간 만이라도
당신 모습 볼 수 있기를요
하늘 같이 바다 같이 끝없이 뻗어가는
그리움 줄기 당신 바라기

이별의 계절

스산한 바람 휘몰아쳐요.
외롭고 어두움 가득한 겨울

중환자실 한 평 남짓한 공간에서
홀로 두렵고 무서웠을 당신

하루 온종일 내내 곁을 지키지 못했음에
못내 서럽고 아파 가슴 뜯는 나날들

당신 떠난 이 계절이 올 때마다
심장 가득 또아리를 트는 아픈 그리움

당신과 나의 아름다웠던 계절
내 안에 여전히 살아있는 당신

흰 눈 위에 사랑을 새기던
잊지 못할 당신 뒷모습

꺼내도 덮어도 아프기만 한 아련한 추억
생명이 잠든 계절이라 더 시린 건지

어차피 먼저 떠나가려 했으면
꽃이 필 때 떠나지 그러셨어요.

못난이

겨울비가 와요.
내 마음에도 비가 와요.

어둠이 같이 내려앉는 교정
추적추적 빗소리가 구슬퍼요.

보지 말아야 할 것을 본 눈과
담지 말아야 할 것을 담은가슴

씻어 버리려 빗 속을 걸어요.
날려 버리려 바람 속을 걸어요.

비우고 또 비움을 되풀이하고
내려놓고 또 내려놓음을 배웠다해도

깨달음은 순간에 지나지 않아요.
삐죽 튀어나온 가시에 찢기는 상처

오늘 또 다시 돌덩이에 걸려 넘어지는
난 어지간히 못난 사람인가 봅니다.

나무 위에 고이 앉은 새

당신은 나의 나무
나는 그 위에 고이 앉은 새

당신이라는 그늘 아래서
당신의 아내로 살아가는 것이
내 인생의 즐거움이었고

당신이라는 기둥에 기대어
당신의 아내로 살아가는 것이
내 인생의 자랑스러움이었고

당신이라는 열매를 얻으며
당신의 아내로 살아가는 것이
내 인생의 행복이었네.

당신이 떠난 지금도
당신이라는 뿌리 튼튼한 나무는
당신의 아내로 살아가는 힘이라네.

비록 밑동만 덩그러니 남았을지라도
푸르고 무성한 잎새 맘 속에 다시 피워야 할

자랑스런 당신 생각만으로도 든든한 나의 나무

나는 당신이라는 큰 나무 위에
어제도 오늘도 그리고 내일도
고이 앉아 사랑을 노래할 작은 새라네.

세상에서
제일
좋은
것은
사랑하는
사람끼리
살림이고

김현영

세상에서
젤 좋은 집은
사랑하는
사람 마음 이다.

강혜영